人間レンタル屋

石井裕一
代行・代理出席サービス
ファミリーロマンス代表

TETSUJINSYA

人間レンタル屋　目次

まえがき

僕の職業は『人間レンタル屋』。文字どおり、あらゆる人間の貸し出しサービスを請け負っています。

誰もが「レンタル恋人」「レンタルフレンド」を、実際に利用したことはないまでも、耳にしたことくらいならあるはず。

小説やドラマなどで題材にされることも増えて、認知度も上がりました。いかがわしい仕事と誤解されたり、都市伝説扱いを受けたりもした10年前とは、隔世の感があります。

弊社「ファミリーロマンス」のレンタルサービス業も、近年マスコミで取り上げられる機会が増え、設立当初の２００９年は年間50件ほどだった依頼件数が、２０１８年には年間３０００件を超えるまでに急増。

登録スタッフの数は、全国に2000人を数えます。赤ちゃんから80歳まで多様な個性を持つ男女を揃え、どんな依頼を受けても迅速に対応できる体制を整えています。結婚式や葬儀、セミナーの代理出席から家族代行、友達代行、リア充アピール代行、愚痴聞き代行、謝罪代行、観客代行、執事代行に買い物代行……。

僕たちの提供するこれらのサービスが、具体的にどういったものなのか。どんな人が依頼をしているのか。金額はいくらで、どこまでの要望に応えてくれるのか。

疑問に答えるべく、僕がこの10年余で実際に引き受けた依頼とそこで感じたことを、依頼ごとにできるだけ簡潔にまとめました。

あるときは一人娘の父親として、あるときは新郎として、あるときは家族を失った老人の息子として、またあるときはグラビアアイドルのファンとして。

なかには「そんなことのために」と眉を顰められるような依頼も、自業自得だと言われるような依頼もあるでしょう。なんだコリャ、と呆れられるような依頼もあるかもしれません。

どんな依頼も、それぞれに切実なのです。シングルマザーからスターを夢見るアイドル、不倫をしてしまった夫、ママ友とのお付き合いに悩む女性……。依頼主は程度の差こそあれ、みな切実な悩みを抱えているのです。

依頼を受け止め、真摯に向き合うのが僕たちの仕事。人間関係に入り込むわけですから、生半可な気持ちでは臨めません。

僕がこのサービスとどう向き合い、どう折り合いをつけているのか。何を目指しているのか。

本書で人間レンタル屋の奥深さ、面白さの一端を知ってもらえれば、これほど嬉しいことはありません。

※本書はすべて事実に基づいていますが、各依頼主のプライバシーを考慮し、個人が特定できないよう設定変更している部分があることをご了承ください。
※本書の登場人物は全て仮名です。

レンタル家族

友人から〝父親役〟を頼まれて。「お受験失敗」経験からのスタート

そもそも、なぜ『人間レンタル屋』になったのか。子どものお受験について女友達から相談を受けたのがきっかけです。

高校卒業後、僕は介護福祉士の資格を取るために専門学校へ。しばらく続けた介護職を離れ、広告代理店で働きだした頃のことです。

女友達は夫のＤＶが原因で、３年前に離婚。シングルマザーとして、看護師を続けながら母子２人の生活を送っていました。

「私立の小学校は、両親が揃っていないと最終面接に進めない。父親の代わりをしてほしい」

いくつもの試験に失敗し、疲れ果てた彼女が「一生のお願い」と手を合わせます。

実人生では一度も結婚したことがなく、もちろん子どももいない僕。ほとほと困った様子の友達を見て初めて、一人親で子供を育てていくことの大変さや、社会の理不尽さを知りました。

巷では離婚しそうな夫婦が子どものお受験のためだけに仮面夫婦を演じ、合格後に離婚する「合格離婚」などという言葉があるそうです。宗教的に離婚そのものを認めていないカトリックの学校はとくに厳しいのだとか。

何がなんでも両親が揃っていないと面接にも進めないなんて、おかしい。DVやギャンブル依存の親といるよりは、一人でも立派に育ててくれる親とともに暮らすほうが、子どもの教育にも精神的にも良いはずなのに。

もっとも最初の「依頼」は、残念ながらうまくはいきませんでした。独身の僕に「夫や父親となる人間の気持ち」が、完全には理解できていなかったことが原因です。

面接の前日に友達が住む団地に行き、初めて息子の健斗くんと会ったときのことは、今もよく覚えています。

「健ちゃん、お父さんになってくれる人だよ」

紹介されたものの、もう6歳になりますから内心「は？　何それ」と思ったはずです。

「赤ちゃんのときに何度か会ってるんだよ。しばらく見ない間に大きくなったね」

ぎこちない笑顔を浮かべる僕を、冷ややかな視線で一瞥し、黙々と夕飯のカレーを口に運ぶ健斗くん。

10代の終わりに役者を経験していた僕は、「父親役」くらいなんとかなるだろうと考えていました。読みが甘かったのです。「本物の家族」が、即席で作れるわけはないんですよね。お父さんと呼ばせる訓練を徹夜してでもしようと思っていましたが、健斗くんはすぐに寝てしまいました。

翌日の面接でも、確か一度も「お父さん」と呼んではもらえませんでした。苦い失敗の記憶です。


この件があって、世の中には「思った以上にひとりで悩んでいる人」がいるという現実にようやく気がつきました。

シングルペアレントだというだけで、社会で生きづらさを感じていたり、パートナーがいても協力的ではなかったり別居状態にあるなど、何らかの事情を抱える人がいる。割合でいえばやはり、女性が圧倒的に多いです。

声なき声に応えようと、まずは僕一人でできるレンタル父親サービスを無償で始めました。

当時隆盛だったｍｉｘｉでコミュニティを立ち上げると、ぽつぽつと悩みを打ち明けてくれる人が出てきました。

当時のハンドルネームは〝オープンザハート〟。こっ恥ずかしい名前ですが、社会から疎外されて孤独を感じている人、心を閉ざしてしまった人を助けたいという気持ちを込めました。

サービスを広めようと思い、本腰を入れて会社という形にしたのは数年後、27歳のとき。

もっとも、友人からの頼みごとではなくビジネスにしたわけですから、以後失敗は許されません。ここから僕の、終わりなき「代行業務」が始まるのです。

レンタル家族

子供の不登校の克服には「父親」が必要

レンタル家族は、当社の代行業の中で、最も多い依頼です。

夫（妻）の代行など、レンタル家族には一過性ではなく、長期にわたる依頼もあります。

メールの差出人は32歳のシングルマザー。代行業がようやく軌道に乗り始めた新緑の候でした。

「小学4年生の娘が学校でイジメに遭っていて、不登校気味なんです。家でもふさぎこんでいて、私の話を聞いてくれません。……父親がいれば、と思います」

依頼主の桜木さんは、娘が生まれて間もなく離婚。

彼女の望みは、娘にひたすら優しくて、ときに適切なアドバイスをくれるような父親がそばにいてほしいということでした。

もちろん僕らはプロですから、求められればどんな役でも演じます。この依頼が他と違うのは、「期限を設けない」父親代行を求めてきたという点。桜木さんは、「半永久的に父親として振る舞える人」を探していました。

嘘は、つき続けるほど辛いもの。僕たちにも、依頼主自身にも相当な覚悟が求められます。いわば、ずっと娘さんに嘘をつき続けられるのか？　という覚悟です。

そのことを確認するために、僕は桜木さんと会うことにしました。

「覚悟はあります」

駅前の喫茶店。愁いを湛えた彼女が僕を見つめます。

「何日も寝ずに考えて、出した結論です。自分は父親に捨てられたんじゃないか、離婚したのは自分のせいじゃないかと思っている娘の藍に、自己肯定感を持たせてあげたい。明るい性格に戻してあげたいんです」

嘘でもいいから、あの子の父親になってください。

必死の訴えに、心を動かされました。僕は藍ちゃんの父親になることを約束。このとき、彼女と僕は、同じ嘘を共有する〝共犯関係〟になったのでした。

最初に藍ちゃんと会ったのは、それから1ヶ月後。教えてもらった住所を訪ねると、ちょうど担任の先生が帰るところでした。しばらく登校していない娘を心配して、立ち寄ってくれたそうです。

「いつも娘がお世話になっています。学校に行くよう、藍と話してみます」

父親らしく先生を見送った後で、桜木さんが奥の子ども部屋に案内してくれました。

「いつまでもママ、ママとついて回って……甘えん坊で困ってるんですよ」

そんな風に聞いていたこともあって、呼びかけたら抱きついてきてくれたりするのかな、と勝手に想像していました。我ながらちょっと能天気すぎますかね。

ノックをしても、返事はなし。

「藍ちゃん、ただいま。入るよー」

努めて明るく振る舞いながら、自ら部屋に入りました。

真っ先に目に飛び込んできたのは、机の上の赤いランドセル。次にピンク色のカーテン。黄色いキャラクターの人形。漫画や教科書類が整然と並んだ本棚。

よく見ると、ベッドの中央がこんもりと盛り上がっています。

「お父さんだよ。会うのは赤ちゃんのとき以来かな」

布団をトントン、と人差し指で軽く叩いてみたものの返事はありません。当然ですね。それまで「いないのが当たり前」だった父親がいきなり現れたことへの戸惑い、怒り、恥ずかしさ。それらをひしひしと感じました。

「藍ちゃんの好きなものいっぱい作ったから、三人で食べよう」

奥のキッチンから呼びかける桜木さん。ローストビーフに海老フライ、シーザーサラダにクリームシチュー。桜木さんが腕によりをかけた料理の匂いが鼻孔をくすぐります。

小学生の女児が興味を持ちそうなもの、話の取っ掛かりになるもの。何かないかと部屋を見渡す僕の目に、某国民的アイドルグループ、Aのポストカードが飛び込んできました。

「お、〝A〟が好きなんだね！」

布団の彼女に向かって話しかけます。

「実はお父さん、若いときに〝A〟とPVで共演したことがあるんだよ。ほら、メンバーが大勢の人とすれ違うシーン。なんて曲だったかな？」

「……それ、いつの話ですか？」

恐る恐るといった様子で少女が布団から顔を出しました。黒目がちの大きな目。そこに僕の顔が映ります。

見つめ合った時間は、おそらく5秒かそれくらいでしょう。とても長く感じられる5秒で

した。

幼い子の父親になることへの責任感。純粋な彼女の心に、僕の存在が刻まれてしまうことへの後ろめたさ。瞬時にして、それらが押し寄せてきたのです。

「久しぶりだね。なかなか来れなくてごめんな」

「……」

「ママから藍ちゃんのこと、いっぱい聞いていたんだよ。国語と体育が得意だって」

「……」

「エビフライが好きでしょう？　実はパパもエビフライが大好物なんだ。ママが作ってくれたから行こう」

彼女は唇をきゅっとつぐんだまま、身動きもせずに僕を見ています。

思い切って小さな手を取ってみました。嫌がるかと思いきや、振りほどかれることはありませんでした。


丸いダイニングテーブルを囲み、親子水入らずのディナータイムがスタート。

「さては、〝A〟のPVに出たのが本当か疑ってるんだろう。何年前だったかなぁ。そうだ、部屋にノートパソコンあったよね」

藍ちゃんの視線を感じて「あとで一緒にYouTubeで探そうか」と誘うと、ようやく笑顔を見せてくれました。

エキストラ専門の芸能事務所に所属していた一時期、いろいろなアーティストのPVに出演しました。アイドルのPVにチョイ役として出た経験が、まさかこんな形で役立つ日がくるとは、当時は夢にも思いませんでしたけれど。

撮影現場のエピソードや、出会った芸能人について。面白おかしく話すうちに、少しずつではありますが、彼女の心が開いていくのがわかります。

「藍、よかったね」

ご飯をよそう桜木さんの声が震えます。タオルでそっと涙を拭うその姿に気づかないふりをして、明るく会話を続けました。

「まるで本当の父娘のようで嬉しかったです。同時に、藍を騙しているという罪悪感もありました」

翌日、桜木さんのメールに書かれていた一文です。〝共犯〟である僕も同じ気持ちでした。

食事を終えたあとはみんなで片付け。YouTubeを見ながらPVに出ている僕を探したり、ゲームをして過ごしました。約束の4時間は、あっという間に過ぎていきます。

「ごめん。パパ、これから仕事なんだ」

玄関先まで見送りに来てくれた桜木さんは、うっすら目に涙を浮かべています。顔には「ありがとう」と書かれてありました。

藍ちゃんはというと、先ほどまでのキラキラした表情は失せ、見知らぬ大人を見るような暗い表情に戻っていました。もう会えないんじゃないかという、絶望と不安がそこに宿っています。

払拭させるように、手を握って話しかけました。

「また近いうちに来るよ。それまでママの言うことを聞いて、いい子にしておくんだよ」

罪悪感で、胸がチクチクと痛みました。

その後は、月に2回から多いときには週に一度くらいのペースでの来訪。費用は1回4時間から8時間で、2万円から4万円です。

シングルマザーの桜木さんにとっては、決して楽な金額ではありません。食費や美容代など、様々な費用を削っての依頼でした。

3ヶ月目には、藍ちゃんと二人でディズニーランドへ。アトラクションの列に並んでいるとき、初めて「パパ」と呼ばれたのを覚えています。ときには藍ちゃんのリクエストに応えて原宿で買いものをしたり、映画を見たり、桜木さんが残業で遅いときには、家で一緒にカ

レーを作って帰りを待ったこともあります。

それから9年。不登校を克服した彼女は、無事に高校を卒業しました。トリマーの夢に向かって、専門学校で学んでいます。

学校やバイトで忙しく、会う回数は3ヶ月に一度に減りましたが、相変わらず僕は藍ちゃんの「父親」です。先月は新成人の門出を祝い、晴れ姿をたくさん撮影しました。

実の父娘関係同様、行儀が悪いと注意をしたり、進路について話し合ったこともあります。当然のように、反抗期もありました。いつか結婚したら、僕は父として結婚式にも出ますし、最終的には祖父にもなるでしょう。

彼女が真実を知れば、大きなショックを受けるかも知れません。けれど依頼主である母親が嘘をつき続ける限り、僕は無期限に「父親役」を演じ続ける必要があるのです。

僕が最初に「嘘を貫きとおす覚悟はありますか?」と念を押すのは、それが、僕らの仕事のもっとも重要な点だからです。

レンタル家族

家族より強い絆を手に入れた!?
子どもに父親代行がバレたケース

「嘘を貫きとおす」のが重要な仕事とは言え、それほどやさしいものではありません。

レンタル夫や父親は、授業参観や運動会といった行事の際に単発で受ける場合もありますが、一般的には長期にわたることが多い依頼です。つまり、それだけバレるリスクも大きいのです。

ある家族のレンタル父親になって、4年目の春でした。

「パパは、本当のパパじゃないんでしょう?」

通話ボタンを押すと聞こえてきたのは、中学2年生になる娘、晴香の声でした。

ディスプレイには依頼主である母親の番号が表示されていたので、娘がかけてきたとは思いもよりませんでした。まさに不意打ち。

何があったんだろう。混乱と動揺で、パニックに陥りかけました。

泣いているのか、電話越しの声が震えています。

「ごめんね、仕事中だからいったん切るね」

ひとまず落ち着いて母親に話を聞こうと、「どういうこと?」とメールを打ちます。

「あの人が帰ってきたんです」

直後、電話で説明してもらいようやく事情が飲み込めました。

行方知らずだった実の父親が、10年ぶりに妻子のいる家に帰ってきたのです。

「子どもたちを返せ」

叫びながら娘と息子を連れ出そうとする父親と、揉み合いになったそうです。母親は軽傷を負いました。

最終的には、騒ぎを聞きつけた近所の人に警察を呼ばれて引き上げたとのことです。

本当の父親とはいえ、子どもたちにとっては見も知らぬ男。突然母親と引き離されそうになり、どれほど怖い思いをしたでしょう。母親にとっても恐怖でしかなかったはずです。

「子どもたちに本当のことを打ち明けないわけにはいかなかった。石井さんにもう父親の代わりを頼むのはやめます。連絡もしません。終わりにします」

涙声で何度も「終わり」と口にします。自分自身に言い聞かせるかのように。

彼女の言葉に、寂しさが雪崩のように押し寄せてきます。

3年間築いてきた子どもたちとの絆は、いつのまにか僕にとっても大切なものになっていました。代行はビジネスでも、人間の思いは数字のように割り切れるものではありません。

せめて子どもたちともう一度会いたい、そう伝えました。

「これ以上、あの子たちを傷つけたくない」

母親の気持ちも痛いほどわかる。でもこのまま関係を切ってしまえば、子どもたちは二度と人を信用しなくなるかもしれない。身近な人に裏切られて、誰も信用できなくなった子どもは、いずれ自分自身をも信じられなくなるのではないか。

僕専用に契約している携帯の端末を自宅まで返しに行く、という口実を設け、翌々日の午後、彼らの家へ向かいました。


娘が学校から帰るまで、近くの公園で待機。彼女が自宅ドアを開けようとした瞬間でした。たった今自分も到着したばかりという体を装い「晴香ちゃん！」と声をかけます。

困惑顔の娘。玄関先で僕を見て固まる母親。

すでに帰宅してリビングでゲームをしていた息子の大地だけが振り返り、おかえり、といつものように声をかけてくれました。僕もいつものように「ただいま」を言い、いつものように冷蔵庫からどくだみ茶を出します。

どくだみ茶は、日ごろ仕事の付き合いでお酒をよく飲む父親が、健康を気遣って家ではこればかり飲むようにしているという設定の小道具でした。体質的に酒が飲めないことへの言い訳として考えたもので、実際のところとくに飲みたいわけではありませんでした。

「本当のパパじゃないんだから、そのお茶だって本当は好きじゃないんでしょ！」

まるで僕の心を見透かしたように向き直り、怒りを露わにする娘。大声に反応して泣き出す息子。唇を噛み締め、立ち尽くす母親。今にも感電しそうなほど、ピリピリした空気が漂いました。

「この人は石井さん。お父さんとして来てもらっていたの。晴香、大地、お父さん……は、今日でいなくなるの」

母親の言葉を聞くや、火がついたように泣き出す娘の晴香。つられて、三人ともがまるで赤ちゃんのようにわんわん激しく泣きじゃくります。涙の洪水のなかで、僕は必死に訴えました。

「本当のお父さんって、何だろう。僕は、晴香も大地も自分の子どもと思っていたし、お母さんの夫として今までやってきた。

お母さんに乱暴するお父さんが、本当のお父さん？　この3年間一緒にいた僕が、本当のお父さん？

血の繋がりが、それほど大事なことかな。晴香と大地が僕を本当のお父さんだと思えば、強くそう願ってくれれば、僕は今まで通り、二人のお父さんだよ」

会社名でもあるファミリー・ロマンスは、ジークムント・フロイトが提唱した精神分析の概念で、子どもが自分にとって〝理想的な家族を空想〟することを意味しています。子どもが僕をレンタルの父と認識しつつ、理想像を見出していく。

その理想の一部でありたいという思いを、できるだけわかりやすい言葉で、懸命に語りかけました。何度も、何度も。

「この人は私のパパ。私はパパと一緒にいたい。パパのことが大好きだから」

真っ赤に泣き腫らした目で、娘の晴香が僕のシャツを引っ張ります。コントローラーを握りしめたままの息子の大地も、僕の背中に頭を擦りつけてパパ、パパと泣いて呼びかけます。

「……ありがとうございます」

その様子を見た母親は、さらに涙を流しつつ、何度も頭を下げました。

「お礼なんていいから。子どもたちにとってお父さんの存在は必要だから。第一、僕だって、

ONLY TRUE
CHAMPION
adidas
adidas

会えなくなるのは嫌だから」

紛うことなき本心でした。泣いている三人を抱き寄せ、頭を撫で続けました。

「お腹空いたから、ご飯でも行こうか。お父さんのおごりで」

僕たちは家族ではありません。家族よりも強い絆を手に入れたのです。

コラム

依頼者が希望する人物像は？
夫代行オーディション

依頼人には、つねに理想の夫や理想の父があります。個々人の好みを把握できるように、事前にオーダーフォームに記入してもらいます。身長や体型、髪型、メガネの形、ヒゲの有無、ファッションはドレッシーがいいかカジュアルがいいかといった外見的なことから、得意なスポーツ、食べ物の好き嫌い、穏やかな性格か情熱的な性格か、家に帰ったらたくさん会話をして欲しいか、寡黙でたまにとぼけたことを言うキャラがいいかといったことまで、事細かにヒアリングもします。

条件に合ったスタッフを数名ピックアップし行うのが、依頼主による「夫代行オーディション」。

集団面接の会場となるのは、主に喫茶店や貸し会議室などです。オーディションの費用は、一人あたり3000円で、候補者を多く揃えるほど金額は上がります。

候補となるスタッフへの質問は依頼主によりますが、「子どもは好きですか？」「子どもと何をして遊べますか？」「子どもが悪いことをしたとき、どんな風に叱りますか？」「理想の家族像は？」などです。

依頼主によっては一度決めたあとも相性を再確認するために、喫茶店やファミレスで食事をしたり、話し合いを重ねます。この時間にもレンタル費用は発生します。

サービス開始当初、オーディションで最終的に僕が「子どもに優しそう」という理由で選ばれたものの、理想の父親像が自分のなかにあるとはとても思えませんでした。『96時間』『アイ・アム・サム』『ライフ・イズ・ビューティフル』『そして父になる』……「父親」がテーマの映画をたくさん見て研究しました。実際に友人らの子育てを間近で見て、聞いて、体験させてもらいました。

依頼主の望む父親のイメージを脳内で作り上げ、依頼主の前で演技をする。舞台が仮想か現実かの違いはあれど、やっていることは役者とそう変わらないのかも知れません。

リア充アピール代行

インスタ映えする誕生パーティを開きたい

ＴＶやネットで話題となった「リア充アピール代行」。当社が考案したこのビジネスは、インスタ映えという言葉が流行ると同時に認知度を高め、右肩上がりで利用者が増えていきました。

その最初の依頼となった案件をご紹介します。

「2時間ほど、レンタルフレンドをお願いしたいんですけど……」

まだ２０１６年になったばかりの、門松が取れるか取れないかの頃でした。おずおずと連絡して来たのは、今年40歳を迎える独身の男性、西本さん。

東京・神田のＩＴ企業に勤める会社員で、話しぶりから大人しそうな印象を受けました。「自分一人で誕生日パーティーを開くので、20代後半から40代までの男女を15名、指定の場所へ派遣してほしい」というのです。

「男女ともに、容姿はできるだけ良くて、清潔感がある人。ちょっとしたパーティにいくような、おしゃれな格好でお願いします」

あくる週の夕方、男女合わせて15名の代行スタッフが六本木駅に集結。コート下の装いは、男性はシャツやジャケットにパンツ姿、女性は華やかなワンピース姿です。すでに依頼内容はメールで共有しています。

揃って指定された某高級ホテルのロビーへ向かうと、黒いセーターにジャケット、白いパンツ姿の西本さんが少し緊張した面持ちで登場。

友達が開くサプライズ誕生日会に、本人はただの食事会と思ってやってきた、という設定です。ここからは「依頼主の仲の良い友人」という役柄になりきって、「はっしー」「ゆみたん」「えみち」など、各自思い思いのニックネームで呼び合います。

僕たちが目指すのは「本物以上の喜びを提供する」こと。依頼された以上は、本当の友人以上にフレンドリーに接し、楽しい場を演出することに全力を尽くすのです。

談笑しつつ、あらかじめ予約しておいた、高層階にあるフレンチ料理のレストランへ。個室の窓外には、東京タワーの特別展望室と同じ目線で楽しめる、東京の夜景が広がります。自分で予約しておきながら、緊張している西本さんはソワソワと落ち着きがありません。

「たまにはみんなで楽しく食事会もいいねー。乾杯！」

スタッフの誰かが音頭を取り、続けて流行りの一発ギャグ。和気藹々とした雰囲気を、カメラが捉えます。

キャビアの乗った鮮魚のポワレ、鴨胸肉のローストなどのコース料理が次々とやってきます。

「ね、知ってる？　今ネットで話題なんだよ」「こないだのドラマの最終回、ぜったいあいつが犯人だと思ってた」

美味しい食事に会話も弾みます。お酒も入り、ガチガチに固まっていた西本さんも徐々にリラックスムードに。

「毎日、終電まで仕事、仕事。こうやって楽しくご飯を食べるなんて何年もしてなかったなぁ……」

しみじみとつぶやく西本さん。

「そうだ、デザートは別のところで食べよう！」

僕が提案をし、ホテルの部屋へと移動しました。

誕生日ケーキと、冷えた高級シャンパン。ディナー中にこっそり抜け出したスタッフがあらかじめセッティングしておいたのです。部屋にはクラッカーや風船、垂れ幕をはじめ、ドンキや百均で買い揃えたパーティーグッズがどっさり。

友人たちがサプライズで用意しておき、誕生日を迎える西本さんを驚かす、という〝設定〟です。

アイマスクをつけた西本さんを、両側から友人が手を引く形で入室させます。その様子を僕たちスタッフが、薄暗い部屋の中から撮影します。

アイマスクを取った西本さんが驚きの声を出すが早いか「ハッピーバースデー！」の大合唱とクラッカーの音ともに、電気を全灯。

「わー、なに!?　なに!?」

驚く様子もすべて動画や写真に収めれば、あたかも本人にはサプライズでお祝いしているかのよう。仲の良い友だちに囲まれ、祝われる「愛されキャラ」の完成です。

パーティグッズを身につけ、ゲームに興じるふりをしたり、ケーキの生クリームを鼻にくっつけたり。ベタですが、ベタであるほど「インスタ映え」には効果的なのです。

さらに僕が提案します。

「空のシャンパンボトルを手に、お腹を出してベットに倒れこむように寝てください」

よくある、〝はしゃぎすぎて酔い潰れ、それをみんなが面白そうに眺める図〟です。

この日撮った写真や動画は、一人100から150枚。全員の分を合わせると、なんと1800枚にも及びました。

膨大な写真から西本さんがチョイスした「リア充感あふれるベストショット」を数枚SNSに投稿したところ、通常時の50倍の「いいね！」が。

「すごく楽しそう」「愛されてるね！」「羨ましい＞＞」といったコメントも、西本さんの自己顕示欲を満たすのに十分でした。

希望とあれば、もちろんそういったコメントを代行投稿することも可能です。

「彼女も友達もおらず、周りから寂しい奴だと思われている。そんな自分でも誕生日をサプライズで祝ってくれるほど仲の良い友達がいるんだということをSNSでアピールしたい。幸せそうに見られたい」

西本さんの願いは、一時的にせよ叶えることができました。

ちなみにこの日、西本さんが遣った金額は、代行スタッフ15名分と、自分を含めたディナーの実費に、部屋代、ケーキやシャンパン、パーティグッズの購入費などを含め、しめて2

時間で40万円超。

「〝リア充〟は買える」

代行サービスが承認欲求を満たす一助となることを実感した、最初の依頼でした。

リア充アピール代行

アフィリエイターとラスベガス豪遊 3泊4日で300万!

「リア充代行」を始めて間もない2016年の夏のこと。お盆休みを前に、帰省するか時期をずらすかと社員と話していた頃です。

スケールの大きなリア充アピール代行依頼が舞い込んできました。

「ラスベガスで豪遊しているところを写真やビデオに収めたい」

日本全国から日々依頼がありますが、海を越える案件はそう多くはありません。

翌々日の午後、待ち合わせたカフェに現れたのは、アフィリエイターをしている30代後半の男性でした。

アフィリエイトというのは、自分が販売者の代わりにその商品を売ることで紹介料をもらうという、典型的なインターネットビジネスの一つ。

例えば100万円の商品を売る代わりに、紹介料としてその半分が入るというような仕組みですね。一時期「秒速で1億円稼ぐ」が話題となったネット起業家がいますが、彼もアフィリエイターと呼ばれる業者でした。

「バカラなどのカジノで遊んでいるところを見せ、それからセスナ機をチャーターしてグランドキャニオンへも行きたい。とにかく派手な遊びをしているように見せたいんです」

依頼主の酒井さんが、ツアーパンフの写真を指し示します。

聞けば彼らアフィリエイターとは、Facebookやブログを駆使して、人も羨むリッチな生活や豊富な人脈をアピールをしないといけないのだそうです。たとえ全く稼げていなくても、です。

夢を見て近づいて来た人たちに「私の言うとおりにすればバラ色の未来が待っていますよ」と嘯いて高額な商品を買ってもらう。そうすればアフィリエイト料、紹介料が手に入るわけです。

したがって、何よりも重要なのは〝セルフブランディング〟になります。

見た目が9割とはよくいったもので、中身が伴わなくても、ラッピングが豪華であれば「何かすごく良いものが入っていそう」と錯覚してしまうのが人間です。まずはできるだけ多くの人に手にとってもらい、「包装紙を解いてみたい」と思わせれば勝ち。

解いた先のことは僕にはわかりませんが、ブランドとは得てしてそういうものですよね。

社員を含めた男女スタッフ5人が酒井さんに同行し、怒涛の3泊4日を過ごしました。

カジノからカジノへと高級リムジンで移動し、セスナ機でグランドキャニオンへと向かい、ドナルド・トランプ大統領の経営するトランプホテル前やロビーで、あたかも宿泊したような画も撮ったそうです。

「写真を撮っては移動、ビデオを撮っては移動。過密スケジュールで行動したため、あまりよく覚えていません」

同行した社員が振り返ります。写真や動画を撮ることが目的ですから、楽しんでいるわけにもいきません。

おかげで酒井さんからは「バッチリ、理想の画が撮れました！」と喜びの声をいただきました。セルフブランディング大成功。

支払い総額はスタッフの3泊4日出張費、航空券や宿泊費、食費などを含めて300万円超。これまでで個人が依頼した〝最も高額なリア充代行〟です。

酒井さんは、大金を払って「自分」という商品をラッピングしたのです。

ファン代行

グラビアアイドルの苦悩。サクラを使ってイベント会場にお客を

ミュージシャンやアイドルが、公の場で口にする「支えてくれたファンに感謝の思いを伝えたい」「ファンの皆さんのおかげです」の言葉。彼ら彼女らにとってスポンサーやレコード会社以上に大事なのは、ファンの存在です。

買ってくれるファンがいなければCDや写真集も出せないし、ライブも開けない。本当にファンはありがたい。

もちろん代行で賄えないファンはいません。今では毎月多くの「ファン代行」をする当社ですが、記念すべき依頼の第1号は、とあるグラビアアイドル、仁科クルミさんからでした。

真夏日といってもおかしくない、暑い盛りのお昼どき。

「今日、秋葉原で私のライブイベントがあります。急なんですけど5人ほど来てもらえませんか」

携帯から聞こえる女性の声に、不安と焦りが滲んでいました。

「あまり特徴のない、どちらかというとオタクっぽい感じの男性がいいです」

スタッフには、秋葉原の街で浮かないような服装を着用するように指示しました。いかんせん当日の急な依頼だったため、男性だけではなく専業主婦の女性も一人。僕もファンの一員として同行することにしました。

スタッフも僕にとっても初のファン代行です。正直言って、わくわくしましたね。

駅からほど近い、地下にあるライブハウス。スタッフは少し時間をずらして会場入り。最初にドアを開けたのは僕です。開場時間だというのに薄暗く、一切の人影がありません。本当にここでアイドルのライブが始まるのだろうか？　はめられて監禁されたりはしないだろうか？　不穏な想像を掻き立たせるほど、一種異様な雰囲気が漂っていました。

「こんにちはー、誰かいませんか？」

大声を出すと灯りが点き、ステージ後方にあるカーテン裏から中年男性が顔を出しました。

「クルミちゃんのお客さんね。はいはい。一人2千円」

僕たちの代行サービスは完全前払い制。依頼主の仁科さんからはほんの数時間前に、諸経費込みの料金が振り込まれていました。

「一人3枚ずつ、DVDを購入してください」

仁科さんからの、追加のお願いです。アイドルに限らず何かのファンになったことのない僕には、同じDVDを3枚も購入する意味が全くわかりません。

前後2列にパイプ椅子が並んでいます。後から来るであろうリアルなファンに気を遣って、後ろの席に座りました。

(早く揃わないかな……)

チラチラと後ろを確認しつつ、開始時間を待つ我々の耳に驚きの一声が届きました。

「開始時間となりましたので、扉を閉めまーす」

スタッフたちの動きが止まります。会場には僕たちだけ。リアルなファンはゼロでした。急いで前方に移動するよう小声で指示を出します。唯一の応援団モードにシフトチェンジするしかないのです。

幕が上がると同時に会場全体の照明が落ち、ブルーライトが舞台中央を照らし出しました。

ミーン、ミーンと断続的に響く蝉の鳴き声。ザザーッという波の音。音が止み、カーテンの後ろから小さな女の子がひょっこり現れたかと思うと、椅子に腰掛けます。クルミさんでした。

想像していたよりも小柄で、可愛らしい印象です。

本を取り出すと、声を出して読み始めました。電話口で聞いた声の主とは別人とも思えるほど、力強く大きな声での朗読。

喜怒哀楽を交えた迫力のある読み聞かせに、気がつけば僕もスタッフも聞き入っていました。

いつの間にか朗読が終わり会場が明るくなっています。客席に満面の笑顔を向けた彼女が、はしゃいだ声を上げました。

「今日は、クルミのバースデーパーティーに来てくれて、本当にありがとう」

「こんなにたくさんのファンに囲まれて、クルミは世界一の幸せ者です！」

どういうわけでしょう。見ていて胸がズキズキ痛みました。震える声で依頼をしてきた彼女の、その心の内が透けて見えてしまったからかも知れません。

彼女はなおも僕たちに語りかけます。

「お兄さんたち、今日はどこから来たの？　埼玉？　暑いのにわざわざ遠くから、クルミのために来てくれたんだね。ありがとう。あ、お姉さんも来てくれてるんだ。嬉しいなぁ」

おそらくは事務所の人間に向けた、渾身のパフォーマンスなのでしょう。

微妙な距離感を保ったまま、彼女と僕らとの、手に汗握る応酬が続きます。何しろ僕たちは先ほど依頼されたばかり。彼女について、ほとんど何も知らないのですから。

早くこの時間が終わってくれないだろうか……。祈りだしたところで、ちょうどトークタイム終了。

「さぁ、この後はお待ちかねの撮影タイム。皆さん、カメラのご準備はよろしいですか？ベストなショットを抑えてくださいね。クルミちゃんは一度、撮影用衣装に着替えるので、控室に戻りまーす」

中年男性の言葉を受けて、スタッフの視線が一斉に僕に注がれました。

アイドルに疎い僕は、当時撮影会というものの存在をまるで知らなかったのです。

先ほどのＤＶＤは、１枚購入するごとにクルミさんと写真撮影をする時間が設けらます。３枚購入すると、さらに自分の手持ちカメラでツーショット写真が撮れるということに、そこで初めて気が付きました。

ご準備はよろしいかだって？　なんてこった。困り果てる僕、そんな僕を見るスタッフたち。

カメラの用意が必要だなんてことは一言も聞いていませんでした。もちろん誰一人カメラは持参していません。

一体どんなシチュエーションで撮影するのか。わかっているのは、僕らが仁科クルミを撮影する時間が間もなくやってくるということ。携帯のカメラを使って撮る、それ以外の道はないということでした。

運の悪いことに、時はスマホ過渡期。僕を含め、5人中3人は、まだガラケーユーザーだったのです……。

固まった僕たちをあざ笑うかのように大音量でアイドルソングが流れ、水着に着替えたご本人が再登場。

「お、ま、た、せー！　イエーイ！」

両手でピースサインを作る、元気いっぱいのクルミちゃん。

「さぁ皆さん、順番に前へ。周りをぐるっと囲むように立ってください。右から30秒ずつ、撮影タイムの開始です！　用意、スタート！」

何がなにやらわからぬまま、指示どおり彼女を中心とした円を作り、携帯カメラを起動。トップバッターは55歳の男性スタッフ、田中さん。当然ガラケーで、しかもディスプレイがとても小さいタイプです。

「ウィ――――――ン」

「………カシャ！」

起動してシャッター音までの時間が、とにかく長いのです。

見ると、玉のような汗を光らせて必死に撮影する田中さん以外、スタッフ全員が下を向いて必死に笑いを堪えていました。

我々には一向に構わず、「どれが好き？」などと言いながら胸を寄せて次々とセクシーポーズをキメていくクルミちゃん。写真を撮ることも忘れ、食い入るように見つめる田中さんを軽く肘で小突きます。

「ウィ――――――ン」

「………カシャ！」

しゃがみこんでM字開脚を撮影する男を、黙って見守る4人。シュールすぎます。

同じように撮影しなければという謎の緊張感に包まれ、ガラケーを持つ手が震えました。

なんとか全員分の撮影が終わり、ほっと一息。つく間もなく、中年男性の言葉が会場に響きます。

「DVDを3枚購入いただいた方には、あと2回撮影タイムがあります！　3回目はクルミちゃんとツーショットも可能ですので、お楽しみにー」

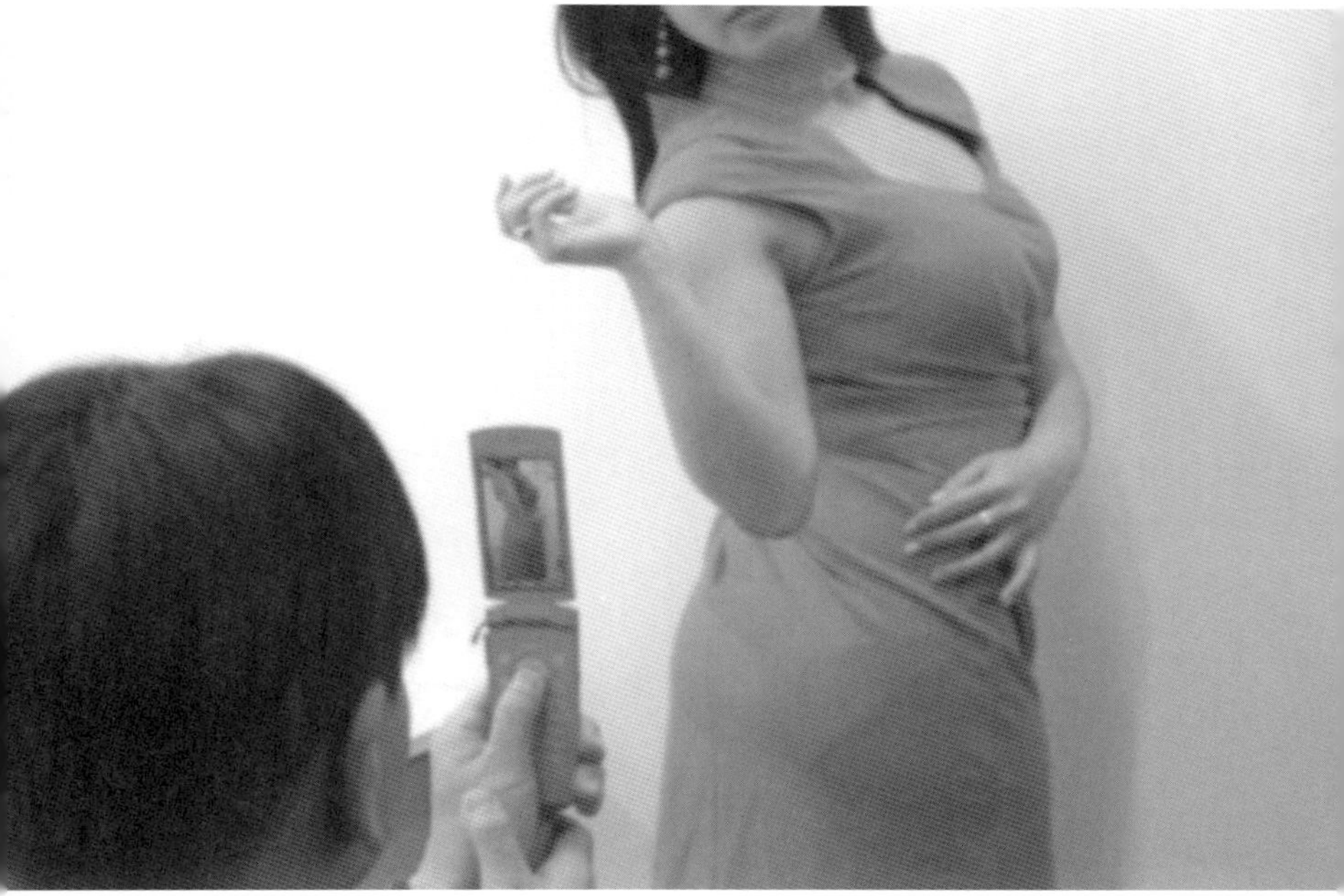

……やるしか、ないんだ。僕は片手を挙げて叫びました。

「やったね。やったね。いっぱい撮っちゃおう！」

スタッフも声を張り上げます。

「おっしゃ――――」

彼女側の事情は、後になってわかりました。人気のないアイドルは、ＤＶＤの新作が出せないのです。つまり実質的にクビを切られるわけですね。シビアな世界です。


その後も定期的にグラビアアイドル、また地下アイドルと呼ばれる子たちから同様の依頼が舞い込みます。失態を教訓として、もちろん以降の撮影会には一眼レフ必携で臨んでいます。

仁科クルミちゃんのその後ですか？　数年前、週刊誌上でヌード写真を披露したかと思うと、間もなくＡＶデビューしたことを知りました。

それが、彼女の希望した道であれば良いのです。ただこの世界で成功するのは難しい。それを思い知った依頼でした。

疑惑の検証。「逆ナンカフェ」を利用する彼女

「彼女が逆ナンカフェに出入りしている可能性があるので調べてほしい」

そのメールが届いたのは、桜の開花宣言の頃。街ゆく人の装いも軽やかに変わる春でした。逆ナンカフェ。何年か前に摘発があり一気に認知度が高まったようですが、当時は初めて目にする単語です。

検索すると、要するに出会い喫茶と似たようなものでありながら、女性側が好みの男性を自由に選ぶことができる、いわゆる逆ナンタイプのお店だということがわかりました。

入店料を支払った男性が、大部屋で女性からの呼び出しを待つ。漫画を読んだりネットを

したりテレビを見たり、自由に過ごしてＯＫ。その様子をマジックミラー越しにチェックした女性が、店員を通して男性を別室に呼び出す。うまく話がまとまれば女性を連れ出せ、まとまらなければ再び部屋で待機という流れ。

その際は男性側が入店料とは別に、店に成約料を支払い、女性には交通費としてその場でいくらかを支払い、その後もデートの内容によっては……と名目上は逆ナンといえ、男性側が負担する仕組みであることは間違いありません。

女性からすれば、不特定多数の男性に見られることなく、好みの人を選べる。男女双方に下心があるからこその、よく考えられたシステムですね。

調査するにあたり、依頼主の藤田さんから伺った詳細は以下です。

「同棲している彼女は優花、27歳。

付き合って3年、そろそろ結婚をと考えていますが、最近の心配は彼女の帰宅が遅いこと。残業が増えたとか、付き合いがあるとか、その日によって言い訳はまちまち。

貯金もないはずなのに、クローゼットに高価な服やアクセサリーが増えた気がするのも、モヤモヤの一因です。

先週、よく逆ナンカフェを利用している同僚から、おまえの彼女そっくりの子に指名されたと聞かされました。休憩時間中に彼女の写真をぼーっと眺めていたら、同僚に見られて冷やかされたことがあるんです。

名前が違うので、別人の可能性もあります。ただ、もしかしてという気持ちも拭えません。真偽を確かめたい。自分が行ってはバレるので代わりに行って、見てきて欲しいんです」

時刻は優花さんの仕事が終わる19時すぎ。

さっそく彼女の写真や動画を送ってもらうと、似ている女性がいたというお店へ向かいました。

テレビとデスクトップパソコンが置かれた6畳ほどの待機部屋。壁一面に漫画本がずらり並んでいます。

先客は週刊誌を読むスーツ姿の中年サラリーマン、スマホをいじる金髪ホスト風、テーブルに肘を置き船を漕いでいる若者の三人です。

ドリンクコーナーからお茶を、本棚から「新宿スワン」を取り出し、椅子に座りかけたそのとき。僕の番号が呼ばれました。

「あ、はい」

慌てて立ち上がると、「チッ」という舌打ちとともに金髪ホスト風が鋭い一瞥をくれます。

店のスタッフが案内した先は、小さなテーブルと椅子がある3畳ほどの空間でした。

「こんばんはー」

スマホの画面に目を落としていた女性が顔を上げます。

優花さんとはまるで似ていない、大柄でぽっちゃりした体型の女性。美人ではないものの、愛嬌のある顔立ちをしています。

「あと10分しかないの。どうする?」

当たり障りのない会話のあと。初めて来店した旨を告げると、上目遣いの彼女がわずかに首を傾けました。

つまり会話できるのは10分間のみ。それ以上女性と話したければ、成約料を支払って外出しなければいけないのです。

「今日はなに目的で来たの?」

続けて、「ホ別2・5でどう」。つまりホテル代は別途、2万5千円でアバンチュールを、という直球の誘いですね。

「いや、僕はそういうのじゃないから。ただ、会話を楽しみたいなあって……」

慌てて制する僕にあからさまにがっかりした顔をして、じゃあねと言って彼女は去って行きます。

逆ナンカフェの立ち位置がわかった気がしました。

その後は、テレビを見ていたらちょうど面白いところで呼ばれたり、待機部屋へ戻った瞬間に呼ばれたりと、のんびりする時間はほとんどありませんでした。

そのたびに「本日の目的」を聞かれたので、合言葉のようなものかもしれません。

僕の場合はもちろん依頼主の彼女である優花さんを探すのが目的ですが、手がかりは写真のみ。目の前の女性が絶対に優花さんだという確証はなかなか持てません。

目元の雰囲気が似ていた5人目の女性とは、いったん外出してみることに。ちなみに僕は出入り自由コースでの入店です。

優花さんでなかったらまた戻ればいい。殺伐とした雰囲気の待機部屋から逃げ出したい気持ちもありました。成約料を支払い外出すると、女性はまっすぐに質屋のほうへ向かいます。

「これ可愛くない？　欲しいなー、買って欲しいなー」

特徴のあるアニメ声で、並んでいたグッチのバッグをねだるのです。

「いやいや、今日はそんなにお金持ってない」

「えー。じゃあこっちでいいよー」

結局、また待機部屋に戻りました。

時刻は22時半すぎ。藤田さんとの約束は3時間、すでに30分オーバーしています。「あと10

分待ってみて優花さんが現れなかったら、今日のところは引き上げよう」

そう決めた数分後、聞き慣れたスタッフが僕の番号を呼びました。

座っていたのは、顔の半分を覆うほど大きいサングラスをかけた、白いマスク姿の女性。つまりほとんど顔が見えません。

ネイルアートを施した指で、気だるそうにロングヘアをかき上げます。

「今日はなに目的？」

何度目かの質問にも、すっかり慣れっこです。

「食事。お腹がぺこぺこです。何か食べに行きません？」

賛成する彼女と相談して、近くのパスタ屋へ。サングラスとマスクを外した顔を一瞥したとたん、「あっ」と声を上げそうになりました。

整形のあとが見えるその顔は、確かに写真で見た藤田さんの彼女、優花さんでした。

いつからあのお店を利用しているかと尋ねると「初めてだよ」と無表情で答えます。知り合いに会うと嫌だから顔を隠すの、とマールボロ・ライトを吐き出す優花さん。

「ホ別2・5でどう？　今日はもう遅いから、特別に始発までいいよ」

藤田さんへの同情心が湧き上がりました。

適当なことを言って彼女と別れた直後、ＬＩＮＥで調査報告。

きっとドキドキしながら待っていたに違いありません。すぐに既読がつき、お礼と返信がありましたが、その後の彼らの行く末はわかりません。

お互いにとって幸せな方向へ進んでいることを祈ります。

たくさん食べる人レンタル

摂食障害の女性と牛丼の特盛り

「私は拒食症を患っており、ご飯を食べられません。でもたくさん食べている人の姿をみると、不思議と気持ちが軽くなって、精神的に楽になるんです。私の前でご飯を美味しそうにたくさん食べてくれる人はいませんか」

4年ほど前の長雨が続く6月。降り続ける雨になんとなく気分が沈みがちだったある日、一風変わった依頼が入りました。

電話で聞いた話では、元バレリーナの川本さんは数年前、婚約していた恋人の心変わりによる大失恋を経験したそうです。喪失感からバレエを辞めて引きこもりがちになり、以来拒食と過食を繰り返すように。摂食障害でした。

障害を抱えた人の中には、人が食べることで自分も食べたような感覚になり、食欲が満たされることがあるようです。

話は変わりますが僕には昔、部活が終わると毎日のようにどんぶり飯を食らい、暇さえあればポテチをコーラで流し込んでいた時期があります。

中学2年の頃には見事、90キロを超える巨漢に成長。身長が高いこともあって相撲取りにならないかと地元の後援会づてにスカウトを受けたこともあります（その後、必死にダイエットをしてスリムな体を手に入れることに成功しました）。

話を戻すと、その実績（？）から胃の強さには多少の自信があり、「たくさん食べる人レンタル」という初めての依頼を、交通費込み2時間1万円で受けることにしました。

指定された待ち合わせ場所は、渋谷駅前の某牛丼店。本日の〝フードファイト会場〟です。

ピンク色の傘を差した女性が、雑踏の中こちらに向かってくるのが見えました。

「変なお願いを聞いてくださって、ありがとうございます」

くりっとした大きな目に、高いほお骨。舞台メイクを施したらさぞ映えるだろうと思わせる綺麗な顔立ちをしています。

それなのにワンピースの裾からのぞく手足が、一瞬言葉を失うほど細いのです。大げさに聞こえるかも知れませんが、マッチ棒のようでした。

「私の体重、教えましょうか。今35kgです」

僕の心を見透かしたように片方の唇だけを上げて微笑みます。身長はおそらく１６０cmちょっと。危険な細さです。

「へえ、スタイルいいですねえ！」

出会い頭の告白に焦った僕は、咄嗟に褒め言葉を口にしていました。

「僕はこう見えても元・大食漢です。川本さんのために今日はモリモリ食べますよ」

薄幸そうなこの彼女を元気づけたい。本当にそう思っていたのです。

カウンター席に並んで腰掛け、いつものように注文しようとしたそのときです。隣から高い声。

「特盛り一つ」

おお、並盛りでも大盛りでもなく、いきなりの特盛りと来ましたか。

もっとも、この時点では何杯でもいける気がしていました。早くも十分後には後悔するとも知らずに、生卵をつける余裕さえあったのです。

一杯目の丼ぶりを数分で空にすると、川本さんが笑顔で手を叩きます。

「さすがですね！　気持ちがスッキリします」

一息つく間もなく、店員を呼び止める川本さん。

「特盛を追加で一つ」

先ほどよりやや時間をかけて二杯目を完食。続いて、なんとか三杯目も流し込む。

……どうしたことでしょう。情けないことに、ここで思ったより腹が膨れてしまったのです。さきほどの気合はどこへやら。四杯目の特盛はとても食べきれる自信がありません。カフェではないので、そうそう時間も潰せません。とりあえず漬物で箸休め、と思った瞬間。

「特盛を追加でもう一つ」

目の前に丼がドンと置かれます。

腹ペコの状態ならすぐにやって来る牛丼すら待ちきれないことだってあるのに、今回ばかりは罪のない店員に心の中で（早いよ！）と叫びました。

玉ねぎを箸でこねくり回す僕を、期待に満ちた眼差しで川本さんが見つめています。

特盛三杯でこの有様とは。愕然としましたが、今の自分は30代半ば、中年の域です。昔取った杵柄だって、もう腐っていて当然なのです。

熱視線を受けながらこのとき脳裏に浮かんでいたのは、某テレビ番組で実証された「空腹より満腹のほうが実はツライ説」。そのとおりでした。もはや苦行以外の何物でもありません。

これ以上は一粒も喉を通らないと確信した僕は川本さんに頭を下げました。

「申し訳ありません。ちょっと別件がトラブって、今から現場に行くことになってしまいました。代わりに別のスタッフがやってきます」

トイレで電話をかけたところ、運よく事務所にいた若い社員がつかまったのです。数分で登場した〝ピンチヒッター〟に目だけで合図し、バトンタッチ。

2時間後、苦しそうに腹を抱えながら事務所に戻ってきた彼が言うには、立て続けに特盛を八杯食べさせられたそうです……。

この成果に川本さんはいたく満足してくれたようで、定期的にリピートされています。

ただし僕同様、胃袋に自信のあるスタッフが一度は手を挙げるものの、誰もが二度目の参加はしない魔の案件となっています。

「我こそは」という胃袋に自信のある方は、ぜひ弊社に「特技は大食い」と明記のうえ、応募をしてくださいませ。

愚痴聞き代行

小6の息子がゲイかもしれなくて

言うまでもなく、この世は超ストレス社会。上司や取引先といった会社関係だけではなく、家族にママ友、近所の人などストレスの元となる人間関係はそこら中に転がっています。場の空気を読む日本人の気質を如実に表す「忖度」が流行語になったのも、記憶に新しいですよね。

「愚痴聞き代行」は日頃の不満や鬱憤を思い切り吐き出してもらい、すっきりしてもらうサービス。ストレス発散、リラクゼーションのような効能を目的としています。

お金を払ってまで誰かに愚痴りたいという需要がどれほどあるのか、とよく聞かれます。

世の中には赤の他人だからこそ話せる、逆に言えば家族や親友だからこそ話せないことがある、という人が意外なほど多いのです。

最初は緊張している依頼主も、お酒が入ると意外なほど饒舌に話してくれるもの。今では、コンスタントに月10件ほどの依頼が舞い込みます。

「息子の様子がおかしいです。誰にも相談できずに悩んでいます。聞いてもらえませんか」

45歳男性、太田さんからの依頼メールでした。なるべく静かなところで落ち着いて話がしたいと書き添えてありました。

ねっとりと絡みつくような暑さが体をまとう8月の夕方。新橋駅のＳＬ広場前に、日本中の中庸を煮詰めたようなおじさんが立っていました。

外回りの帰りでしょうか、首から脇、背中にかけてびっしょりと汗の滲んだワイシャツ。突き出たお腹で、ボタンが弾け飛びそうです。

彼が希望したのは、駅からほど近いカラオケボックス。居酒屋の個室ほど予約の手間もかからず、誰にも聞かれたくない話をするのにはうってつけです。

狭い個室のL字型ソファに座り、まずは簡単な自己紹介から。某電機メーカーの営業部長をしている太田さんはバツイチ、中学1年生の息子が一人。

「出会えたのも何かの縁です。僕のことは一切気にせず、何でも愚痴ってくださいよ!」

乾杯をし、彼が本題を切り出すタイミングを待ちます。

「離婚したのはちょうど1年前、去年の夏です。原因は、元妻の浮気です」

カラオケのリモコンをいじりながら、自嘲するような薄笑いを浮かべました。

「あろうことか、元妻が浮気相手を自宅に連れ込んだんです。間が悪く、塾に行っているはずの小6の息子がことの最中に帰宅してしまって、その……一部始終を見てしまったようなんです」

視線を落として、ふう、と息を吐きます。

「それがトラウマになっているのかどうか、わかりません。先週、借りたゲームソフトを返そうと息子の部屋に入ったところ、あるものを見つけてしまいましてね」

「もしかして、アダルト系のDVDとかですか?」

「そうです。年頃だからそれはいいんですが、内容が……いわゆる同性愛のものでして。1本ではなく10本以上、紙袋に押し込まれているのを見つけてしまったんですよ」

元妻の浮気が、思春期の息子に女性不信を植え付けてしまったのかもしれないと太田さんは考えたそうです。

「まだあるんです。先週はじめ、仕事上のトラブルがあり朝方に帰宅しました。あんまり疲れたもんで、だらしない話ですが、パンツ一丁のままソファで寝てしまって」

重大な告白をするように声のトーンを落とします。

「……気づいたら私のモノを、息子がまじめな顔で触っていたんです」

アルコールが入ったせいか、恥ずかしさからか、太田さんの横顔に赤みが差しました。

「心臓が止まるほどびっくりしました。しかもパンツの上からですが、触り方がこう、何ていうんですか、性的な感じで……。お恥ずかしい話ですが、少し硬くなってしまいました。息子はしばらくして自室に戻りましたが、一睡もできませんでしたよ」

これってやっぱり、そういうことじゃないですか。眉毛を八の字にして、すがるような視線を僕に投げかけてきます。

「父親として、これからどうしたらいいと思います？」


僕が聞かされる愚痴は、こういった性愛の問題だけではありません。複数の父親代行をしていて生じる問題は、進学の問題から学校でのいじめ・非行、また警察のご厄介になる事案まで様々です。

客観的な意見を求められれば、自分なりに真剣に考えて答えます。

「お父さんの気持ちもわかりますが、はっきり言って親ができることなど本当に少ないです。

成長過程で多方面に興味関心が向くこともあるでしょう。あまり干渉せず、あたたかく見守っていきましょう」

無難な回答で良いのです。

依頼主が代行業者に望んでいるのは膝を打つような解決策ではなく、誰にも言えない悩み事や話を聞いてほしい、背中を押して欲しいということなのです。

「このところ一人になると悶々としていたんですが、おかげですっきりしました」

息子さんの進路に関する話から、元妻に対する恨み節、さらには仕事上の愚痴までを2時間いっぱいぶちまけた太田さん。何度もお礼の言葉を口にしながら帰って行きました。

友人代行

母親に同性愛者だとカミングアウトしたい

前述のケースと逆のパターンもあります。子どもの立場から「性的マイノリティであることを親に告げたい」と、協力を依頼されたのです。

「幼い頃に父と死別し、女手ひとつで育ててくれた母親。長く小学校の先生をしていた母は、真面目すぎるほど生真面目な女です。実家に顔を出すたびに、早く孫の顔が見たいと言われますが、現在真剣に付き合っているのは年下の男性。母に、どうにかして彼との交際を認めてもらいたいんです」

30歳の男性から電話で相談を受けた僕は、次のように提案してみました。

「もうすぐ母の日ですね。ひとり暮らしのご自宅にお母さんを招いてみてはどうでしょう？後から僕と交際相手の男性が訪ねます。僕らは友人ということで、お母さんに挨拶をさせていただきます」

ついでに用意できるなら、簡単な手料理を振舞ってあげると喜ぶと思いますよと。

当日、待ち合わせ場所には依頼主の森さんと、お付き合いしている男性の姿がありました。森さんは恰幅が良く、見るからに優しそうな青年でした。

ひとり暮らしの男性にしては整然としているマンションの部屋で、先に来ていたお母さんが明るく迎えてくれました。

「いっくんの手料理なんて初めてだわ」

狭いキッチンで一所懸命作ったチキンカレー。嬉しそうに口に手を当てて笑うお母さん。雰囲気の良い食卓。

食事が終わったタイミングを見計らって、僕から切り出しました。

「森くんのお母さんにお話があります。もしかするとショックを受けるかもしれませんが聞いてください」

お母さんの顔に緊張の色が走ります。カーペットの上にあぐらをかいて座っていた二人が居住まいを正しました。

「単刀直入に言いますね。森くんと彼は、お付き合いをしています。彼らは性的少数者、いわゆる同性愛者なんです」

どういうこと？　森さんと隣の彼を交互に見て、口を開けたまま二の句を継げないでいるお母さん。ショックを受けているのは明らかです。

「石井さんの言うとおり。今まで言えなくて、悪かったけど」

「ちょっと待って、あなた。お母さん全然わからない……」

それまでの和やかな空気は一変しました。

やおらお母さんは両拳でテーブルを叩いたかと思うと立ち上がり、足先だけを靴に入れて玄関ドアから飛び出します。まるでドラマか何かを見ているかのようでした。

焦って追いかけようとする二人に「僕が何とかするから」と言い残し、上着を手に外へ出ます。

マンションから少し離れた公園の前で呆然と立ったままの彼女に、「風邪ひいちゃいますよ」と声をかけ、肩に上着をかけました。

「いっくんは、一朗は……つまり、ゲイってこと!?」

目にうっすら涙を浮かべています。

「いきなりでびっくりされましたよね。お気持ちわかります。でもお母さんに知って欲しかったんです」

「今まで一言もそんなこと……」

「なかなか親には言えません。僕が仮に森くんの立場だったとして、自分の口から親に伝えられるかわかりません」

私の教育が悪かったのかも知れないと両手で顔を覆い、後悔の言葉を口にする彼女に、できるだけ落ち着いた口調で話すよう努めました。

「同性愛者、両性愛者、ＬＧＢＴ、トランスジェンダー。そう呼ばれる方は世界中に一定の割合でいます。教育や環境に関係なく、もともと〝そう生まれついた〟、つまり彼らの個性なのです。恥ずかしいことでも、隠すようなことでもない。とは言えマイノリティーですから、いまだに偏見や差別も少なくありません。だからこそ森くんも、どうお母さんに伝えるべきか思い悩んでいました」

ありのままを伝えようとした彼の気持ちを、どうかわかってやってください。僕の言葉を聞くと、彼女は黙って公園のブランコのほうへ歩いて行きました。

30分以上、いや1時間近く公園にいたでしょうか。散歩中の犬と飼い主が、じっとしている僕たちを不思議そうに見ていきます。

「取り乱したりして、ごめんなさいね」

落ち着きを取り戻した彼女と一緒に部屋へ戻ると、森さんは叱られた少年のような顔をして待っていました。

「今まで考えたこともなかったから、お母さんびっくりしちゃった」

すぐには無理かもしれないけど、これから理解する努力をするわと聞いて、とうとう泣き出してしまいました。

母親には絶対にわかってはもらえないだろうと、半ば諦めていた森さん。心からの安堵が伝わってきました。

「石井さんが帰ったあと、母親が『良い友達を持って幸せね』と言っていました」翌日、森さんからのメールには感謝の言葉が綴られていました。

面と向かっては言えないこと、言いづらいことは、誰にもあります。そんなとき、僕たち代行業者が緩衝材の代わりになれたら。円満な人間関係を築く礎となれたら。

僕たちがこの仕事をしていて、何よりも幸せを感じる瞬間です。

観客のサクラ代行

お笑い芸人の大会で予選突破する為にとった非常手段

オリンピックや選挙のような国家規模の大イベントから、クラス対抗、町内会といった小さな大会まで、およそ人というのは競争が大好きです。比較されて優位に立ち、他者承認を得るというのが人間の根源的な欲求でもあります。

インフルエンサーやアルファツイッタラーと呼ばれる人もそうですね。どれだけ差別化を図れるか、その中で目立てるかが肝になってくる。

承認欲求もまた「お金で賄える」もの。褒められた行為ではないかもしれませんが、人気も人望もお金次第です。

某アイドルの総選挙では、ＣＤを買った枚数ぶんだけ目当ての一人に投票できる権利が得られるのは皆さんもご存知のとおり。投票により順位を決める大会では、代行業者を雇うことで入賞する可能性がぐんと高くなります。

こうしたマスコミが報じるようなメジャーどころに限らず、世の中では信じがたい数のアマチュア大会が日々行われています。そこで、いかに僕たち代行業者が重宝されているかを、こっそりお伝えしましょう（※当然ながら、政治がらみの選挙にはノータッチです）。

お笑い芸人などを目指す人の登竜門である、勝ち抜き大会。審査委員が審査を行う場合もありますが、来場者が選び、投票するという形式の大会もあります。

ある日の夕方、電車での移動中に「どうしても勝ちたいので、なるべく多くの人に来て欲しい」という電話を受けました。

急いでホームに降り立ち、帰宅ラッシュでごった返す人の波をかきわけて静かな場所に移動しました。

「都内某所で、お笑い芸人のグランプリを決定する地区予選大会があるんです」

お笑い芸人の卵である池田さんからの依頼でした。

審査員は指名された観客10名。出場者のメッセージ性やオリジナリティーなどの評価を１

００点満点でつけ、指定の用紙に書き出す。スタッフが集計して得点を出し、高い人がグランプリを手にします。

ターゲット以外の全員を低い点数で抑えればいいかというと事はそう単純ではなく、つける点数は高すぎても低すぎてもダメ。

高すぎると勝たせたい人を勝たせることができなくなるし、あまりに低すぎると不自然さが際立ってしまいます。代行とバレたら元も子もありません。さじ加減が難しい、厄介な方式でありました。

例年50人ほどの観客が来る地区予選大会には、依頼された15人の代行スタッフが参加しました。審査員のチェンジも行われるので、最後まで気が抜けません。

ＬＩＮＥグループを作り、イレギュラーな場面では僕の指示を待つようにと伝えました。大人数で会話をするのに、ＬＩＮＥグループほど便利なツールはありません。良い時代になったものだと思います。

ネタ時間は一人３分。会場の審査結果をもとに、トーナメント形式で勝ち上がって行きます。

本気で参加している他の参加者には申し訳ないですが、僕らは依頼主の望むとおりに点をつけるのみ。

「このままだと勝てないかもしれない。ライバルの8番と15番には、低い点を入れてください」

大会後半、焦った池田さんから僕にメールがありました。彼のネタは会場ウケが良くなかったのです。

依頼主にとっては、正義を捻じ曲げてでも手に入れたい勝利。点数格差が開きすぎて不自然にならないよう細かく調整をしてきましたが、もはや背に腹は代えられません。

「8番、ウケていたから点数低めで42。15番には、37つけて」

最終的には、僕が得点すべてをLINEグループのメンバーに指示出し。依頼主である池田さんは、満点に近い得点を叩き出しました。

「37点！　審査員、厳しすぎない？」

「今度は満点が出たよ」

大会が進むにつれて、会場がざわつき始めました。

休憩の間にTwitterをチェックすると、キレ気味の参加者、戸惑う観客のつぶやきが散見されました。

僕らではない観客が辛い点数をつけたために、ギリギリで地区予選を突破した池田さんは、

98点
100点

イイネ!!
94
点

数ヶ月後の本大会で、見事にグランプリを獲得しました。

それもそのはず。なんと本大会では観客80人中、半数の40人が僕たち代行スタッフだったのですから。

どこか納得がいかない表情の主催者と、ざわつく一般の観客をよそに、僕たちは池田さんに大きな拍手を送りました。

「努力をした他の参加者がかわいそうだ」と言われるかも知れません。それはそうでしょう。ただし1位を獲るために、彼は大金を投じました。賞金は10万円ですが、僕らに払う金額はそれ以上。彼は努力したはずです、僕ら代行業者を雇う金額を捻出するために、昼夜アルバイトに明け暮れるなどして。


勝敗の結果が明らかなスポーツやゲームなどは別として、勝ち負けの基準が曖昧な大会は巷にごまんとあります。個人の主観によるところが大きいものは「あらかじめ勝つ人が決まっている」というのが、僕たち代行業者の共通認識です。

アイドル発掘オーディションやミスコンからの依頼もよくあります。可愛さや美しさを数値化するのは至難の技ですからね。

依頼するのは参加する本人のこともあれば、家族や身内のこともあり、プロデューサー、スポンサーということもあります。本人すら知らず、実力だと信じたまま優勝するケースも多いです。

その他大勢の参加者の立場や、彼らを本気で応援しているファンの方の気持ちを考えると、僕たちも胸が痛まないわけではありません。まぁ、大人の世界って汚いですね。

もちろん、グランプリ獲得後には厳しいプロの世界が待っています。そこで勝ち上がってこそ、真の実力者。僕たちは入り口までの、ほんの運び屋にすぎません。

パーティの代理出席

某大手企業役員の身代わりになったはいいが……。設定を知らずに冷や汗をかいた話

「代行業者であることがバレたことはありますか」

たまに受ける質問です。

幸いなことに今まで一度もないのですが、冷や汗をかいた経験なら何度かあります。

披露宴出席の代行でいうと、高校時代の同級生という設定で参加したのに、同じテーブルに本当のクラスメイトがいた、という悪夢のようなケース。完全に依頼側のミスです。

2次会などまで含めれば、20回に一度くらいの頻度であるのです。

あらかじめ誰が来るか分かっていれば、こちらも不自然にならない設定を考えることがで

きます。情報がなければ、出席者について知りようがない。苦しい言い訳をして誤魔化すしかありません。

嘘の重ね塗りは誰も得をしませんから、「設定」はくれぐれも慎重に考えていただきたいところです。

依頼主が故意に事情を隠していたがために、大変な思いをしたこともあります。

「某大手企業の役員として出席してほしい」とパーティ直前にかかってきた依頼。急用ができて本人が行けなくなったが、ドタキャンができないというのです。

名前を聞けば知らない人はいない、日本を代表する大企業。詳細がよくわからないのでリスキーではありましたが、どんなパーティなのだろうという好奇心が勝ち、六本木の会場へと向かいました。

パーティ会場は、派手なことが得意な業界関係者だけあって、さすがの豪華さ。

男女パフォーマーの歌やダンスといった余興の締めに、僕がスピーチをせねばなりません。壇上に立ちました。内心ドギマギしながらも、得意のポーカーフェイスで、ゲストに向けた謝意を述べます。

問題はここから。同じテーブルにいた某大手新聞の記者が、席に戻ると矢継ぎ早に質問をしてくるのです。

「今日は○○さんはご一緒ではないんですか」

「先日の株主総会、質疑応答の時間が短かったのには理由があるんですか」

「そういえば▲▲さんと会ったときにちょうど御社の話になりましてね、▲▲さんとは最近どうです？」

あえて答えづらい質問をしてきているのが明白でした。

それもそのはず、たくさんの人が名刺交換をしにやってくるのに、名刺を切らしていると言う僕。

慎重な依頼主であれば事前に配布用の名刺を用意するなり、作ってくれと頼んでくるなりするのですが、いかんせん直前すぎる依頼だったため、事前準備が全くできなかったのです。

第一、それだけの大企業。ちょっと調べれば役員の顔くらいわかります。

苦し紛れの言い訳を重ね、記者の追及をなんとか交わしつつ約束の時間を終えて息を吐いたのですが、衝撃を受けたのは翌週でした。

その某大手企業の取締役のスキャンダルが、某週刊誌によってリークされたのです。

依頼主は直前にその事実を知って、公の場に本人を出すわけにはいかないと判断し、代行業者を立てたのでしょう。

いくら僕でも、知っていたらさすがにそこまでのリスクは冒しません。出席者の大部分も関知していなかったはずですが、大手新聞記者なら何かつかんでいてもおかしくはない。それもあっての執拗な質問攻めだったのかと合点がいきました。

このような危ない橋を渡ることもときにはある、というお話です。

友人代行

「最後に話を聞いていただけないでしょうか？」自殺願望者からの深夜の依頼電話

数年前のことです。マスコミの露出が増えると同時に、仕事量も急増。現場から会社へ戻り、事務作業を終えた時には終電も行ってしまっていました。

いいや、今夜は会社に泊まろう。

床に一人用の寝袋をセットしたところで携帯電話が震えました。反射的に時計を見ると、すでに2時を回っています。

弊社は24時間、朝から晩まで依頼を受け付けています。深夜にかかってくる電話も珍しくはありません。

深夜は謝罪代行など、のっぴきならない事情を抱えた人も多い。胸騒ぎを覚えつつ、受話器を取りました。

「はい、ファミリーロマンスです」

「……」

人の気配は感じますが、何の物音もしません。

「こんばんは。ファミリーロマンスです。ご依頼のお電話でしょうか」

「……はい」

若い男性の声でした。

「夜分にすみません。……どうしても誰かに伝えたくて」

ボソボソした声が応じました。

「いえいえ、いつでもお電話してくださって大丈夫ですよ。どうなさいましたか？」

声の様子から、ただならぬ緊張感が伝わってきます。できるだけ優しい声音で尋ねました。

「明日……というか、もう、今日ですね」

次の言葉に、息を呑みました。

「……自殺するんです」

「!?」

「あの、なので最後に……自分の話を聞いていただけないでしょうか？　この電話で良いので」

まったく予想だにしない依頼でした。

後日、「いたずらとは思わなかったんですか」と社員に言われました。この電話を受けたのが別の社員なら、僕もその可能性を指摘したでしょう。

どういうわけかこの時、「彼は本気だ」と直感したのです。

電話を切れば、きっとこの人は死んでしまう。いや、聞いてあげたところで、生きるという保障もない。

どうしたらいい。死のうとしている相手に何を言ってあげればいいのだ。必死に頭をフル回転させます。

「お住まいはどちらです？　もし関東にお住まいでしたら会いに行くので、電話じゃなくて、会ってお話しを聞かせてくださいよ」

咄嗟に、そんな言葉が僕の口をついて出ていました。

「え……そんな。僕のために……ありがとう、ございます」

ざらっとした小さな声が、途切れがちに耳奥に届きました。

「東京駅から14時の電車に乗って、樹海へ行くので。それまでに、もしお会いできるのであれば……聞いてほしいです」

深夜だということも、クタクタに疲れ切っていることも、他の仕事のことも忘れて言いました。

「わかりました！　今日の正午、東京駅構内にあるカフェで待ち合わせましょう」

思いつめた人を目の前にしたとき、何て声をかければいいんだろう。

自殺を思い留まらせることが、僕にできるんだろうか。

もしも彼が本当に死を選んでしまったら。直前に会っていた人物として、警察から事情聴取をされるんだろうか。

会うのをやめるべきか？　いや、それは無理だ。絶対にできない。

考えるほど、自分の非力さ、弱さ、情けなさに泣きたいような気分になっていきました。

白々と明けてゆく、新宿の街並み。窓際で椅子に座ったまま眺めたビル10階からの景色は、今も脳裏に焼き付いています。

答えが出ないまま、約束の時間より30分も早く、僕は東京駅のホームに立っていました。

お昼どきの東京駅。せわしなくランチに向かうOLのグループ、いくつものスーツケースを大儀そうに転がす外国人の家族、スマホを耳に当てしきりに頭を下げているサラリーマン。せわしなく行き交う人、人、人の群れ。

この中に果たして「今から死のう」と決意している人間が一人でもいるだろうか。それまでは想像もしなかったことをぼんやりと考えながら、アイスコーヒーの入ったグラスを手に、カフェ奥の席に陣取ります。

本当に現れるのだろうか。落ち着かない気持ちのまま、刻々と時間は過ぎていきます。

ブー・ブー・ブー。

待ち合わせ時刻から5分過ぎ。ジャケットの内ポケットが振動しました。

「着きましたか？　僕は白Tシャツにグレーのジャケットを着ています。奥に座っています」

実際に顔を会わせるまでの、わずか数秒間。

襲ってきたのは、逃げ出したいほどの恐怖です。

それまでの仕事ではありえないことでした。

数時間後には死のうとしている人がいる。最期に会う人間が僕になるかも知れない。それはとてつもないプレッシャーでした。

顔を上げると、男性が立っていました。

ダメージデニムにカーキ色のネルシャツ、グレーのリュック。僕よりいくぶん年下に見えるその顔は青白く、ニキビでいっぱいでした。

「相田さんですね。昨夜、電話をくれた」

うなずき、下を向いたままの男性。なんて声をかけたらいいんだろう。

「昨日の電話、本気なんですか？」

彼がデニムのポケットから小さな紙を取り出しました。

片道の特急乗車券。到着駅名は富士宮駅とあります。

「14時になったら電車でここへ行って、そこからバスで青木ヶ原の樹海に行きます」

視線の定まらない表情のまま、消え入りそうな声でつぶやきました。

沈黙。

「もしかして、リュックにはロープが入ってたりするんでしょう」

重苦しい雰囲気に耐えられなくなった僕は、わざとおどけた口調で言いました。

「そうです。ロープが入ってます。なんで？　なんで分かったんですか？」

透視でもしたかのように驚かれ、ちょっと困ってしまいました。

「いや、映画で見るじゃないですか。富士の樹海で、枝にロープを巻き付けて首を吊ろうとする人」

「はあ……安直ですよね。自殺の方法はなんだっていいと思ったんですが、これが一番、誰にも迷惑をかけずに死ねるかなって」

いたずらなんかじゃない。彼は本気で死のうとしている。

Coleman

「とりあえず座って。電話で話したかったこと、全部聞かせてくださいよ」

話をする最後の人間として、全部吐き出してほしいと頼みました。

「こんなことで来ていただいてすみません……」

相田さんの生い立ちや悩みをまとめると、こうでした。

激しいイジメに遭い、6回も転校を経験した学生時代。彼女はおろか友達もできたことがない。3年前によき相談役だった母親が事故で急逝し、何かというと暴力を振るう父親と2人暮らし。

職場は典型的なブラック企業で、営業ノルマを達成できないと上司が胸ぐらをつかんで罵声を浴びせてくる。休日返上で働いているのに給与は低く、貯蓄はゼロ。同期は全員昇格してしまい、自分を見下して口もきいてくれない。

ずっと体調が悪いので病院へ行ったら鬱病と診断され、大量の薬を飲んで何とか誤魔化しているが、もう限界だ。

先のことを考えるとつらくて仕方ない。生きる理由が見出せないので、自殺するしかない。誰にも迷惑をかけず、ひっそりとこの世から消えたい……。

話を聞きながら、どんどん目の前が暗くなっていくのを感じました。自分だったらどうするだろうか。

彼と自分を置き換えることは困難でした。友人、恋人、家族、仕事、それに健康体。おそらくは彼が望むものを、今の僕はほぼすべて持っています。

せめて一切の否定をせず受け止めよう。しっかりと聞こう。僕は相田さんの話に最後まで耳を傾けました。

「つまらない話を聞いてくれて、ありがとうございました。最後に石井さんに出会えたことが、こうやって僕の話を最後まで聞いてくれる人がいたことが、ただただ、嬉しかったです」

時計の針は13時45分を指していました。彼は間もなく席を立ち、そのまま下り電車に乗る。バスで樹海へ向かい、リュックからロープを出し、枝に吊るし、そこに首をかける……。

いや。目の前の彼はまだ生きてる、死なせたくない！

突然、熱いものが自分の中から沸き上がってきました。

偽善者と言われるかもしれません。単に自分が彼と話した最後の人間になりたくなかっただけかもしれません。

何と言われようと、その時の僕には数時間後に命を絶とうとする人が目の前にいながら、見ないふりをすることはできなかったのです。

「よく頑張りましたね、相田さん。そんなに辛い時をよく一人で乗り越えましたね」

気づいたら、僕は相田さんの肩を掴んでいました。

「僕と会ってくれてありがとう。ホームページを見て僕に電話してくれて、ありがとう。僕は相田さんと会えて良かった。話を聞けることができて本当に良かったです。自殺するな、なんて偉そうなことは言えないけど……僕から相田さんに、最後に一つだけお願いがあります」

下戸の僕が、今まで誰にも言ったことがないセリフを言いました。

「一緒に飲みましょうよ」

驚く相田さんをよそに、友達のように語りかけました。

「飲んで、それでも気持ちが変わらなかったら、そのときはそのとき。僕は君と飲んでみたい。ついでに僕の仕事の愚痴も聞いてよ」

自殺はしてほしくない。決心を変えたい。でも気持ちは尊重したい。気持ちを整理する余裕もなく、浮かんだ言葉を次々と相田さんにぶつけていきました。

何か一つでも彼の心に引っかかるものがあればいい。祈るような気持ちでいました。

彼は重大な決断をするように、眉間にしわを寄せて目をつぶり、俯いていました。断られる隙を与えたくなくて立ち上がり、彼の腕を引っ張りました。

「行こう。行ってから考えよう。ね！　僕のおごり」

何か言いたそうな彼を無理やり立たせ、東京駅から新橋へタクシーで向かいました。

体質的に僕はお酒が飲めません。仕事以外で飲み屋には行かないし、お店もほとんど知りません。

タクシーに乗り込みながら、昼から営業している飲み屋が新橋駅のガード下にたくさんあったのを思い出したのです。

彼はずっと無言でした。僕は運転手を相手に、下らない話をしていました。今にも「戻ります」と言われるのではないかという恐れ。沈黙が怖かったのです。

飲み屋に到着したのは、14時過ぎ。

ホッとしました。電車の出発時刻が過ぎても、彼はここにいる。それだけで胸がいっぱいでした。

「僕らの出会いに乾杯しよう。かんぱーい！」

少しでも雰囲気を明るくしようと、元気よくビールジョッキを掲げます。

勝手に連れてきて、勝手にビールを頼み、無理やり乾杯する。

今思えば、あまりの強引さに笑えます。ふだんの僕を知っている人なら驚くでしょう。

ビールも苦手です。美味しさを何一つ理解できないのです。「男同士で飲むときはビールか日本酒」というイメージからの行動でした。

彼は弱々しく乾杯したものの、目を伏せてジョッキを置いたまま。

「ほら、とりあえず。とりあえずでいいから一口飲もうよ」

次の瞬間です。自分からグイッとジョッキを傾けたかと思うと、そのまま一気に飲み干したのです。

予想外の飲みっぷりでした。

「プハ――――。あ――――。死ぬのは……やめました!!」

充血した目で、突然大声を出す彼。

「ああ、ばからしいわー。石井さんと会わなかったら、今ごろ自殺してたのに」

大粒の涙を流しながら、ばからしい、ばからしいとつぶやくのです。

いっぱいいっぱいだった人生を自ら絶つと心に決めて、東京駅までやってきた。

それなのに今日初めて会った男が強引に酒を勧めてくる。

止めてもらって良かった、それとも引き止めてなんて欲しくなかった。彼の心にあったのは、どちらの気持ちだったんでしょうか。

30分ほど、彼は両手で目頭を抑えながらひたすらしゃくりあげるのでした。

どんな声をかけていいかわからず、隣に座り、黙って肩を組みました。

「兄ちゃん、これよかったら食べなよ。旨いよー」

昼から飲みにやってきて大泣きする男と慰める男に店員も驚きの表情を浮かべつつ、大サービスと言って、もつ鍋を出してくれました。

「相田くんは一人じゃないんだよ。僕がいつだって話くらい聞くから。ま、代行屋だけどな」

彼は泣きながらも、少し笑ったようでした。

「とりあえず飲もうか。たくさん飲んで、俺の残念な話でも聞いてくれよ」

気がつけば、23時頃まで飲んでいました。飲めない酒を呷った僕は、ふらつく足で駅へ。

相田くんも千鳥足でした。

「今度、僕もファミリーロマンスのスタッフに入れてください。同じように悩んでいる人を救いたい」

去り際にそう言って、僕とは反対の電車に乗って帰って行きました。

その後、彼からの連絡はありません。相田くん、いつでもスタッフの応募を待ってるよ。

レンタル彼氏

病院の令嬢に不埒を働く、屋上の変質者を退治

「自宅の屋上に変質者が現れて、困っているんです」

ようやく春の足音が聞こえてきたある年の3月、女性から電話がありました。

屋上に変質者。

事実であれば「僕らではなく警察を呼んだ方が」との言葉が出かかりましたが、その日は立て込んでいた用件が片付いて一息ついたタイミングでもあり、依頼内容を聞くことにしました。

電話の主は、村上亜紀子さん32歳。3階建ての自宅1階は、父親が院長を務める内科の医

院。彼女自身も看護師として働いているとのことでした。
変質者が現れるのはほぼ毎日。

シーツやタオルといった洗濯物を屋上で干す際に、周囲のマンションから怪しい男が顔を出してくるのだそうです。

他の若い看護師も気味悪がり、屋上へ上がるのを嫌がるので困っている、なんとかしてほしい、という依頼でした。

「父親の院長先生は、何と？」

「もう70歳、老人ですから。見つからないように隠れればいい、気にしなきゃそのうちいなくなる、などと真剣に取り合ってはくれません。隠れると言っても屋上にはそんなスペースはないんですけれど……」

「警察には相談しましたか？」

「はい。近隣のパトロールを強化します、とは言ってくれたんですが、実際に声をかけられたり何かを盗まれたりといった実害が遭ったわけではないので、なかなか動いてもらえなくて」

警察官がいるときには出てこないのに、いなくなるとひょっこり顔を出すそうで、何の効果もないのだそうです。

「なるほど、事情はわかりました。具体的に私は何をすれば？」

「私の彼氏役をお願いしたいです。院長以外、医院は女性看護師ばかりなので狙われているんだと思います。男性の存在を知らしめ、ついでに注意もしてもらえれば、覗き行為も収まるんじゃないかと」

亜紀子さんは、レンタル彼氏として元プロレスラーの佐々木健介さんのような、いかにも屈強そうな男性をイメージしているとのことでした。

自分も含めたスタッフ数名の写真をメールで添付したところ、彼女が選んだのは僕。プロレスラーのようにいかつい見た目ではありませんが、身長184㎝、学生時代はバタフライの競泳選手でした。テニスや剣道もかじりましたし、ボクシングジムへも通っています。体力には自信がある。もし変質者が歯向かってくるようなことがあっても何とかなるだろう。そう考えました。

東京郊外にあるそのお宅は、私鉄沿線の駅から10分ほど歩いた閑静な住宅街にありました。村上医院の看板と、白亜の大きな建物が目を引きます。

土曜は午後休診。ひとけはありません。

左手にある可動式フェンスの向こうに見えるは、赤いランボルギーニ。

高齢の院長が運転するのか、それとも依頼主のものだろうか。まだ見ぬ彼女を想像して、胸の高鳴りを覚える自分がいました。

というのも、電話の声の主はいかにも良家の子女然としており、言葉遣いは丁寧で柔らか。勝手にタレントの平愛梨さんのような、おっとりとした可愛らしい女性を思い描いていました。

(気に入られて、逆玉の輿に乗ったりして……?)

不埒な考えが過ぎり、俗物すぎる己に苦笑しつつ、浮き浮きとインターフォンを押します。重厚なマホガニーの玄関扉の向こうから、かすかに聞こえるパッヘルベル「カノン」の音色。扉がゆっくり開き、白い顔が覗きます。

「お待ちしておりました」

出迎えてくれたのは紺色のワンピースにフリルのついたエプロンを身につけ、黒髪を一つに束ねた女性。つぶらな瞳におちょぼ口、下膨れの顔が、ある女芸人さんを彷彿とさせます。

メイド服を着たお手伝いさんだと思いました。

「迷われませんでしたか? どうぞお上りください」

誘導されるがまま奥へ。大きな額にシャガールの絵が飾られた廊下を進みます。広い客間にはキラキラと光るシャンデリア。木製の猫脚テーブルに、出窓にはたっぷりとしたドレープのカーテンがかかっています。

差し込んだ午後の陽が、ふかふかの絨毯に影を作ります。

お手伝いさんが、マドレーヌと良い香りのする紅茶をそっと運んできてくれました。

(小学校の頃クラスで一番お金持ちだったマツダ君の家より立派だな)

本皮のソファに座り、マイセンのティーカップを眺めながらそんなことを思い出していると、お手伝いさんが立ったまま言いました。

「改まして、お忙しいなかわざわざご足労いただき、ありがとうございます。依頼をさせていただきました、村上亜紀子と申します」

深々とお辞儀をする彼女に、思わず「えっ」という声が漏れてしまいました。

どうか僕を責めないでください。それくらい、声から想像した容姿とのギャップに驚いたのです。いいえ、依頼主になんて失礼なことでしょうか。やはり僕は責められるべき人間です。

「写真で見るより男前で、私の彼氏役にはもったいないです」

片手を口に当て、恥ずかしそうに目を伏せる亜紀子さん。

「と、とんでもないです。亜紀子さんも、その、とっても魅力的な声をされてますよね」

うふふ、という微笑み。電話口で聞いた、品の良いお嬢様の笑い方でした。

咳払いをして気持ちを切り替えると、人差し指を上に向けて言いました。

「この屋上に、変質者が出るんですよね」

「ええ。お電話でご相談させていただきましたとおり、今年に入ってもう3ヶ月ほど、野蛮な行為をする人たちに迷惑しております」

「……たち？　ということは、変質者は一人だけじゃなく、複数いるってことですか」

「そうなんです。それぞれ別のマンションから野蛮行為をするんですよ」

頭に「？」が浮かぶ僕を見て、亜紀子さんがおもむろにペンを取り、図を描きだしました。屋上を囲むようにして東西北、それぞれの方角に建つ3棟のマンション。

「窓から男が現れるんです。写真を撮ろうとしたり、下半身を出したり、パターンは色々ですが明らかに正常ではありません。いつも見張られているような感じです」

想像してぞっとしました。僕ですら、毎日そんなことをされたら気持ちが悪いです。

「おつらいでしょうね。きっと制服姿のナースさんに興奮して、変態的な行いをするんでしょうね」

「そうです。年寄りと女性しかいないことを知って、あんなことをしてくるんです」

亜紀子さんの顔が怒りで赤くなりました。

「任せてください。自分ががつんと変質者たちに言ってやりますから」

ガッツポーズを決めた僕は、案内されて3階から屋上へ。

描かれた図のとおり、屋上をぐるりと取り囲むような形で建っているマンション。低層のこちら側は、端までよく見渡せるに違いありません。

「私は下におりますので、ここにある洗濯物を干しながら周りの様子を見ていてもらえますか？」

室内に戻る亜紀子さん。僕はマンションの窓を目の端に捉えながら、物干し竿にシーツをかけていきます。

天気は快晴。日当たりが良すぎて、3月というのにじんわりと汗ばむくらいの陽気でした。洗濯物をすべて干し終えると手持ち無沙汰になり、マガジンラックから週刊誌を取り出して、スノーピークのチェアーに腰掛け足を組みます。変質者を見過ごしてしまっては元も子もないので、意識を外に向けながらその時を待つことにしました。

ドリンクホルダーに備えられたペットボトルのお茶を一口飲みます。傍から見れば、呑気に日光浴を楽しむ男。その実、内心ドキドキしながら変質者を待っているのです。

変質者らしき男たちは出てこないまま、1時間が経過。

今や遅しとマンションを凝視していたためか、向かいの部屋にいた年配の女性とばっちり目が合い、ピシャッとカーテンを閉められてしまいました。このままでは僕のほうこそ変質者です。

「男性がいることで警戒されたのかもしれませんね。一度私と交代しましょうか」それもそうです。亜紀子さんとバトンタッチしてわずか10分後。

「出ました！」

連絡が来て、急いで屋上へ駆けつけます。

正面マンションのベランダにいるのは、頭髪の薄い50がらみの小太りオヤジ。手すりに寄りかかり煙草をくゆらせています。全裸です。パンツすら履いていません。

僕の視力は両眼とも2・0。幸か不幸か、かなり細部まではっきりと見えてしまいます。とはいえ全裸の男が現れるとは思ってもみませんでした。一瞬ひるみましたが、任務を遂行しなければなりません。

「おーい、そこの人！　服を着なさい！　野蛮なセクハラ行為は今すぐやめなさーい」

文字にすると何とも間抜けですが、腹から声を出して、痴漢に呼びかけます。

「聞こえてるだろう!?　通報するぞ！」

精一杯の呼び声虚しく、そ知らぬ顔でタバコを吸い続ける全裸の変態オヤジ。タバコを吸い終えたタイミングで、のっそりと部屋に戻っていくではありませんか。

「あれ？」

何か言い返してくるかと身構えていたのに。肩透かしを食らった気分です。

「ありがとうございます。絶対に聞こえていたはずなので、効果はありました」

手応えは感じられませんが、亜紀子さんは感謝しています。

別の男たちは、だいたい決まった時間に出没するとのことで再び待機。

しばらくして、右方向のマンションに不審な影を発見しました。

カーテンの隙間から、男性が顔だけを出しています。頬はこけ、肌は土気色。目に生気が感じられません。ただただ気味が悪いです。

自分を奮い立たせるため、折りたたみテーブルの上に立ち、仁王立ちで男に向かって叫びます。

「こらー!! 何を見ている? 今すぐやめなさい。通報するぞー」

我ながら、いまいち迫力に欠ける注意です。

また無視されるんだろうか、と思った次の瞬間。

「うるせぇー!!!」

不気味なカーテン男は目を釣り上げて怒鳴ると、奥に引っ込んでしまいました。

「あれれ……」

「ありがとうございます。男性がいることをしっかりアピールできたので成功です!」

嬉しそうな顔の亜紀子さん。これを成功と言って良いのだろうか? 腑に落ちないまま3

人目を待ちます。

三人目は全裸でもなく、カーテンの隙間から見てくるのでもありませんでした。自室の窓という窓をすべて開け放し、下半身から一部だけが丸見えの状態でマスターベーションを見せつける変態男でした。

「変態野郎め！　警察を呼ぶぞ!!!」

短い時間で変質者を見慣れてしまった僕は一喝。

マスターベーション男は「バカヤロウ」と罵声を浴びせて引っ込んでしまいました。

バカヤロウは一体どっちだよ、やれやれ。

「男性の存在を知らしめられて、効果は絶大でした。本当にありがとうございました」

絶大な効果があったかな？　釈然としないまま、2週間に一度のペースで呼ばれては、変質者を注意する日々が続いています。つまり男たちは定期的にお出ましになっているのです。

ときどき亜紀子さんが「石井さんが本当の彼氏だったらいいのに……」と意味深につぶやくこともあって、自分が呼ばれている意味がわからなくなることもある依頼です。

レンタル彼氏

50歳独身女性の願望を叶える。人生初のディズニーランド

夢の国・東京ディズニーランド。レンタル彼女（彼氏）、レンタルフレンド（家族）の定番スポットでもあります。月一度くらいの割合で、コンスタントにお客様に利用されています。僕も好きなので、仕事とわかっていても行けるのは嬉しいです。

ある日のこと、「今までの人生でディズニーランドに行ったことがありません。一緒に行ってくれる男性をお願いします」というメールが届きました。

オーダー表を見ると、希望は「そこそこ詳しい人」。そこそこなら僕にもできそうだ、そ

う思って6月のある平日、舞浜駅に降り立ちました。

このところ案件が立て込んでいて、夢の国で少し息抜きしたい気持ちもありました。

ピンク色のワンピース姿で登場した依頼者の和田さん。この日のデートのためにネットで購入したというそれは明らかにサイズが合っておらず、そのせいか、50歳という年齢よりいくぶん上に見えました。

なぜディズニーランドに〝とても詳しい人〟にしなかったのですか？　と聞いてみました。

「そうすると人数がぐっと減っちゃうじゃないですか」

弊社のスタッフ数を考えればそんなこともないのですが、そこそこ詳しいという条件だったからこそ、僕が来れたのです。あまり理想を追い求めすぎないほうが出会いの幅が広がるのは、婚活も代行も同じかもしれません。

いくつか頭の中でざっくりとしたルートを考えてきたものの、アトラクション中心で乗りたいかパレードやショーが観たいのかによって計画は変わります。

希望を聞くと「何もわからないのでお任せします」との返事が返ってきました。

50年間生きてきてディズニーランドへ行ったことがなくディズニー映画も観たことがない、という人が日本にどれくらいいるのかわかりません。おそらくかなりマイナーでしょう。

乗り待ちの間、試しにディズニーのキャラクターをどれくらい知っているかと聞いてみます。

「ミッキーマウス、ミニーちゃん」以上、でした。

ドナルドダッグもグーフィーも、プーさんすら見分けがつかないのには思わず笑ってしまいました。和田さんにキャラクターの名前を覚えてもらうようクイズを出していると、アトラクションの待ち時間はあっという間に感じられました。

なぜこれまでまったく関心のなかったディズニーランドへ、突然レンタル彼氏を伴って訪れたくなったのか。

アトラクションの待ち時間に話を聞きました。

和田智子さんは、中国地方出身の大学教授、物理学の研究者です。独身。学生時代の友人は子育てに忙しく、休日は暇を持て余しているのだそうです。

若い頃から一度はディズニーランドに行ってみたいと思っていたけど、もうそんな機会は訪れそうにないからというのが、依頼のきっかけでした。

とても頭が良いのはわかりますが、おしゃべりは得意ではないらしく、ときどき神経質そうに口を尖らす癖がありました。

何とか共通点を探しては、会話の糸口を見つけていきます。

「和田さんの男性のタイプって、どんな人ですか？」

「……石井さんみたいな人」

もしかすると、これまで彼女の話を熱心に聞いてくれる人はいなかったのかも知れない。気づけば和田さんの目は熱を帯びていました。

「こ、光栄です！　あそこで願い事でもしましょうか？」

七夕用に設けられたエリアで、ミッキーの形をした短冊に願い事を書き込みます。

「石井さんが私の彼氏になりますように」

和田さんの願い事でした。


レンタル彼氏（彼女）やレンタルフレンドから、本物の関係に発展することはありますか？と聞かれることはあります。

社の規定では待ち合わせ時にかける電話を非通知に設定し、依頼主と直接連絡先を交換しないようにしています。これはスタッフがストーカーなどの対人トラブルに巻き込まれないようにするためです。

偽名を使うのも、現在はネットやＳＮＳを通じて素性が簡単にわかってしまうので、会社としては自衛策を講じる必要があります。

とはいえ、疑似友達や疑似恋人といった関係が〝本物の人間関係〟に発展することまでをも制御できないとは思っています。人間ですから、恋に落ちてしまうことはあるでしょう。僕自身にも経験があります。ずっと関係を続けていれば、擬似かリアルかわからなくなります。情も湧きます。少しも不思議ではありません。

友達や恋人になれるのかどうかは、一方ではなく互いの気持ちが大事です。実際にこのレンタルサービスを立ち上げて2、3年目に結婚したカップルもいます。あながち本物の出会いがないとも言い切れません。

和田さんはその後も、アトラクションの待ち時間、または乗っている間じゅう、視線はキャラクターではなく僕を向いていて、視線がかち合ってしまうのを避けることはできませんでした。

「もう乗り物はいいの。おしゃべりしながら石井さんと歩きたい」

上目遣いで僕の手をぎゅっと握る和田さんは、まるでディズニーランドの魔法にかけられてしまったかのようでした。

シンデレラ城の前まで来たとき、ちょうど代行業務終了の時間となりました。

(さあさあ、0時までに帰らないと、魔法が解けて馬車がカボチャになってしまいますよ……)

何度も振り返る和田さんに向かって、にこやかに手を振りながら心の中でつぶやく僕。

確実に言えるのは、レンタルをした時間だけは、彼ら・彼女らはキラキラと輝く理想のプリンス（プリンセス）になれるのです。そうシンデレラのように。

レンタル家族

妻が癌に侵され、家族は出て行き……
全てを失った老人の孤独

「病めるときも、健やかなるときも、
富めるときも、貧しきときも、
妻（夫）として愛し、敬い、
慈しむことを誓いますか」
結婚式における誓いの定番フレーズですね。
僕は代理出席をする中で、何十回・何百回、下手をすると何千回、神父さんによるこの台詞を耳にしていますが、毎回「さらっと、えらいことを誓わせるよなあ」と密かに嘆息しています。

とくに最初の「病めるときも」。

燃えさかる愛のただ中にいる二人にとっては何の引っかかりもないだろう言葉ですが、冷静になって考えてみてください。夫婦のどちらかが重篤な病気に罹ったとき、それでも変わらず互いを愛して敬い、慈しみの心を持ち続ける。どれほど難しいことでしょうか。

「もちろん誓いたいとは思うけれども、もしかしたらということも考えられなくはないですか。いや、誓おうとは思っていますよ現時点では。しかし果たして未来永劫誓えるか、というと、あまりに不確定要素が多すぎて、明確にお答えできかねます」

誠実であろうと努力すればするほど、こんな誓いの言葉になるのではないか、とひねくれた僕などは考えてしまいます。

簡単ではないからこそ「結婚」には重みと意味がある。そのとおりですが、残念ながら恋愛ドラマのようには上手くいかないのが現実というものです。

僕らにレンタル家族を依頼してきたのは、そんな「誓い」が「呪い」となってしまった河野さん。最初は心を閉ざしているように見えた河野さんでしたが、妻役、子ども役のスタッフとともに何度も自宅に通ううち、ぽつぽつと生い立ちを語ってくれるようになりました。

九州の田舎に生まれ、幼少時から「神童」と謳われるほど優秀だった河野さんは、県内有数の進学校から東大へ進学、卒業後は大手商社へと就職しました。

結婚し二人の子どもに恵まれた時はバブル景気の真っただ中。大田区・田園調布に大きめの一軒家を購入したのは、35歳の頃でした。

内装にも徹底してこだわり、ヴィクトリアン調の家具と合わせた重厚な英国風インテリアに広々とした庭は、近所でも評判に。

自慢の家に、美しい妻と可愛い子どもたち、忠実なシェパード……まるで絵に描いたように幸福な家庭。

順風満帆に見えた人生の歯車を狂わせた悪夢は、家を購入してわずか1年半後に起こりました。妻である由実子さんの乳がんが発見されたのです。

「気づいたときには、ステージ3。全身転移が始まっていたんですよ」

当時は今と違い、定期検診でも異常なしとされ、発見が遅れることの多かった乳がん。由実子さんはまだ30代の若さで、壮絶な闘病生活へと突入したのです。

抗がん剤の投与、放射線治療……精神的にも肉体的にも、そして経済的にも、負担は甚大なものでした。

「がんに効く」と聞けば何に対しても活路を見出そうとする由実子さんは、有象無象の民間療法に手を出し、河野さんは止める術を持たなかったと言います。

「病気ってのは、当事者になってみないと本当には理解ができないもんだね。新人だった頃、直属の先輩から『嫁が癌になった』と聞かされたとき、よく事情がわからなかったもんだから『へー、大変っすね』なんて言って、ヘラヘラしてたんだよ。30年以上経った今でも、当時の自分の馬鹿さ加減が悔やまれる」

一進一退を繰り返しつつ徐々に衰弱していく妻を支え続けるのは、並大抵の苦労ではありませんでした。

それまで家事一切を妻に任せきりにしていた河野さん。炊事や掃除はもともと不得手です。プライドの高さゆえ人に頼むということは念頭になく、家や庭は荒れるばかり。思春期の子どもたちとはすれ違いが続き、日々溝が深まるのを感じつつも、どうすることもできずにいました。

自宅介護と仕事の両立に疲れ果てた河野さんは、50歳を目前にして、課長まで務めた大手商社を早期退職。介護を理由にたびたび休職を繰り返していたこともあってか、上司からもとくに慰留はされなかったそうです。

「会社を辞めさえすれば、子どもたちとも接する時間が持て、人生が立て直せると思った。でも、もう遅かったんだよ、何もかも」

一度暗く沈んでしまった家庭の空気は、もはや変えることができませんでした。

苛立ちを募らせた河野さんは、余命宣告された由実子さんに禁断の言葉を投げつけてしまいます。

「俺は会社を辞めてまで介護しているのに、朝から晩まで『痛い、痛い』ばっかり……少しは我慢しろ！」

「他の人は何ともないのに、なんでおまえだけ、こんな病気になったんだ！」

「何もかもダメになったのは、病気になったおまえのせいだ！」


まもなく病気の妻は、成人した娘と息子、二人の子どもを連れて家を出て行きました。

「お父さんには人の心がない」

「全て、お父さんのせい」

全員が、最後にそう言い残して。

しばらくして妻側の親族から、実家に戻っていた妻が亡くなったこと、とうに荼毘に付したことを知らされました。

由実子さんにとって、足掛け13年間の辛い闘病生活でした。

以来5年間、河野さんの時間はぴたりと止まったまま、１ミリも動いていません。

レンタル家族として初めて河野さんの自宅にお邪魔したとき、目にした光景に言葉を失いました。

子どものサンダルやスニーカーであふれた玄関、ウイスキーやスコッチの空き瓶がいくつも転がるリビングルーム。

学習机とベッドがそのまま置かれた子ども部屋には、埃をかぶったセーラー服が無造作にかけられています。

手入れされていないウッドテラスは枯れ草にまみれ、床やテーブルは埃と脂で黒ずみ、カーテンは触れるだけでぼろぼろと破れます。

キッチンや水回りは水垢で真っ黒。テレビやラジオ、レンジなどの電化製品類は、壊れた状態のまま放置されています。

おまけに冷蔵庫には、いつ買ったものかわからない食料品がぎゅうぎゅうに詰め込まれていました。

自慢だった高価なアンティーク家具は、今や見る影もありません。

「家は生きものだ」

河野さんの家にいると、それを強く感じます。手をかけないと息ができずに死んでいく、それが家なのだと。

　このような有様ですから、僕たちが家を訪れた際には、まずは簡単な掃除から始めます。汚れた食器を洗い、散らばったゴミをまとめ、なんとかダイニングテーブルのスペースを確保します。

　スーパーで買って来たお寿司やビールを広げて、しばしの団欒タイム。楽しい雰囲気を作ることに集中するのです。

「楽しいことなんてないし、やりたいことも何もない」「日本は老人が生きづらい、最悪の国だ」「政治家はどいつもこいつも馬鹿ばっかり」

　実年齢よりだいぶ老けて見える河野さんは、まだ50代半ば。老人というには早すぎる年齢です。

　厭世的な考えを隠そうともせず、役所の対応から近所の人にいたるまで悪口と呪詛を吐き続けます。

「若い頃はいろんな国に行ったんでしょう？　僕たちに聞かせてくださいよ、お父さん」

話を変えようと無邪気に尋ねると、渋々ながら「シベリア鉄道は良かった……」と思い出話を始めます。

「行きたいところ？　もう行きたいところなんてないな。……そうだ、沖縄の離島はいいか

もなぁ」

何でもいいのです、願望が聞けると安心します。人間が生きるために必要なのは、欲望です。希望を失ったとき、人は肉体よりも先に精神が死んでしまいます。

「行こうよ。石垣島に、宮古島……アイランドホッピングツアー！」

「そもそもお姉ちゃんは泳げないじゃん。俺、溺れても助けないよ」

本物の家族のような会話に、河野さんの表情にも変化が見え始めました。

散歩しましょうという提案にも、乗ってくれるようになりました。

「ただの砂糖の塊だろう、ボッタクリじゃないか」

おいしそうなケーキ屋さんの前で渋っていた河野さんが、「5年ぶりに食べてみたら、意外とうまいもんだな」と顔をほころばせるのです。

近隣住民とも距離を取り、5年間というもの徹底的に人との関わりを避けて生きてきた河野さんが、なぜ僕たちを依頼してきてくれたのか。

本人は「気の迷い」と言っていましたが、「人間嫌い」を公言する河野さんが、実際は誰よりも人と触れ合いたがっているのを感じました。

出て行かれたご家族を含め、全員の心情を想像すると胸が塞がる思いです。

僕たちのやっていることは、あくまで対処療法。マッサージのように一時的に心を軽くすることはできても、本質的な部分には立ち入ることはできません。

それでも気の持ちよう一つで、人は変わることができる。必要なのは「自分なんて価値のない人間だ」「誰のことも信用できない」といった思い込みを捨て、ほんの少しの勇気を持つことです。

河野さんの止まってしまった時計が1分でも、1秒でも進むきっかけになれたなら。ファミリーロマンスをやっていて良かったと、心から言えると思います。

デートのコーチング

どこに問題が？ 婚活中男性のお見合いが成立しない理由

現在、日本における男女の生涯未婚率は23・4％、女性が14・1％（2015年）。東京に限って言えば、男性26・06％、女性19・2％がシングルと、4〜5人に一人が独身という〝おひとりさま〟社会です。

僕自身、レンタルの世界で夫や父役は相当数こなしているとはいえ、まだまだやりたいことが多すぎて結婚は後回しという面もありますし、未婚が悪いことだとも思いません。一度しかない自分の人生ですから、結婚くらい周りの目を気にしたり流されることなく、自分で決めたらいいのです。

もっとも年齢を重ねて健康上の不安が出てきたり、やはり子どもが欲しいとなったとき、生涯をともにするパートナーがいれば心強いのもまた事実でしょう。

そんなことから、中年以降に結婚相談所へ入会される方が今とても多いのだとか。いざ相手を見つけよう、となっても、長いことポリシーを持って生きてきた同士、譲れない部分が多くなかなかマッチングしない。

結果的に何度もお見合いを重ね、安くない会費を払い続けながら、少しずつ異性との接触が面倒になってしまうことがよくあるようです。

先日あった依頼は、某結婚相談所からの「デートのコーチングをしてほしい」というものでした。

依頼主は45歳、相談所の在籍歴3年になる男性。都内の有名大学卒で職業は国家公務員という、なかなかのエリート。見た目は太めですが、それなりです。

これまで数十回のお見合いを繰り返し、まれにマッチングできても、3回のデートを待たずして女性側から「お断り」されてしまう。

「どこに問題があるかを指摘し、コンサルタントよろしく解決策を示して欲しい」というのが、相談所からのお願いでした。

これには、まさしく適任と思われる女性スタッフに行ってもらうことにしました。彼女は過去に何度も友人同士をマッチングさせ、結婚まで漕ぎ着けた「仲介役」としての実績があるからです。


待ち合わせ場所は、恵比寿にある某ビルの前。気持ちいい秋晴れの日曜日でした。

少し早めに着いたスタッフ。視線の先に、結婚相談所から送られた写真で確認した男性、松本さんの姿がありました。

古いナイロン製の大きなバッグを肩にかけています。

簡単な挨拶を交わしていても視線は合わせず、ずっと胸元を見ているのが気になりました。

「本日は松本さんの課題に対するフィードバックをさせていただくために、私をお見合い相手と仮定して、いつものように振舞ってください。その様子を見て、気になった点があれば適宜伝えていきますので」

明らかに狼狽えた様子の松本さん。

「一緒に映画を見終わったところだと仮定しましょうか。次にどこに行きたいですか？」

カフェに入りたい、と言います。

大きな身体に、大きな荷物。額にはすでに玉のような汗が浮かんでいて、一刻も早く涼みたいという様子が見て取れます。

スタッフが答えるが早いか、どこかへと早足で歩き出した松本さんでしたが、その方向にカフェはありません。

仕方なく、最近オープンしたばかりのデパートへ誘導しました。

人混みを歩く松本さんの巨体と大きなバッグは、通行人にガツンガツンぶつかります。

デパートでエレベーターに乗るときも、エスカレーターに乗るときも、まず自分が先。降りるときに「開」ボタンを押してくれていた人に会釈をすることもありません。

適当なカフェを見つけて入ると、ショーケースに陳列されたスイーツを食い入るように見つめています。ここまでの約10分間、無言。何一つ会話がありません。

(模擬デートなのに……)

「いつもしているような会話をどうぞ」とやんわり促しても「え？　いつものようにって言われてもなー」と不機嫌そうな表情で答えます。

糖分が足りてないのではと「先ほどのケーキ、おいしそうでしたね」とショーケースを指差すと、嬉しそうに自分用のケーキを三つ注文。

食べ終わるや、松本さんの口からこれまでに出会った女性たちに対する罵詈雑言が堰を切ったようにあふれ出ました。

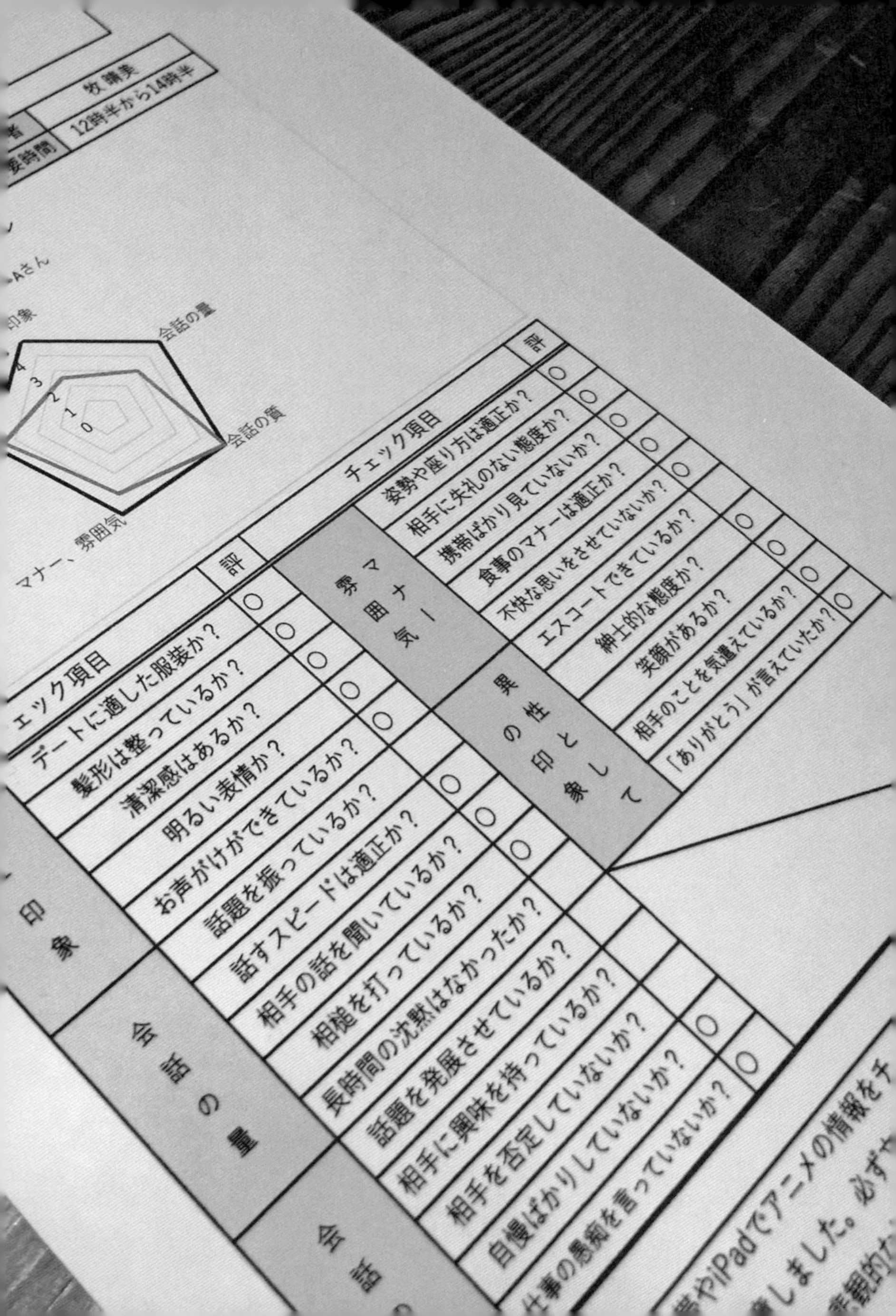
牧晴美
12時半から14時半
Aさん
印象
会話の量
会話の質
マナー、雰囲気
4
3
2
1
0
チェック項目
評
デートに適した服装か？
髪形は整っているか？
清潔感はあるか？
明るい表情か？
お声がけができているか？
話題を振っているか？
話すスピードは適正か？
相手の話を聞いているか？
相槌を打っているか？
長時間の沈黙はなかったか？
話題を発展させているか？
相手に興味を持っているか？
相手を否定していないか？
自慢ばかりしていないか？
仕事の愚痴を言っていないか？
印象
会話の量
チェック項目
評
マナー雰囲気
姿勢や座り方は適正か？
相手に失礼のない態度か？
携帯ばかり見ていないか？
食事のマナーは適正か？
不快な思いをさせていないか？
エスコートできているか？
異性としての印象
紳士的な態度か？
笑顔があるか？
相手のことを気遣えているか？
「ありがとう」が言えていたか？
やiPadでアニメの情報を

デートシュミレーション
フィードバックシート
氏名
山川 信二
実施日
2018/08/20
グラフ タイ
目標
異性としての

相談所では、初対面を経て2回目のお見合いへ進むことを「交際」と呼びます。経歴の「交際歴：3人」というのは、この2回目のデートへ進んだ人たちをカウントした数字であり、実際には女性との交際歴はないことがわかりました。

「だってさ、何度見合いしたって、なんだかんだで女性が断ってくるんだよ」

口を尖らす松本さんに、思い当たる理由を尋ねます。

「価値観が違う。食べるのが早い。やっていけそうな気がしないってさ」

相談所から伝えられた「先方のお断り理由」そのままを並べます。

「だからさ、思ったの。高い店に連れて行きすぎたって。女性に恥かかせちゃいけないと思って、ファミレスじゃない店に連れてってあげるじゃない。そうしたら価値観が違うって言われた。連れてく店を失敗したな、ファミレスにしとくんだった」

最初は言っていることの意味がわかりませんでした。

よくよく話を聞いてみると、どうやらセレブ（?）な自分が連れて行く店のランクが高すぎて（彼の中でファミレス以外はすべて高い店）、庶民であるお相手が引いてしまい、金銭感覚がかけ離れていると判断されたと言うのです。

「思い当たるのは、それしかない」

その時点で、何からコーチングするべきか頭を抱えたくなりました。

「きちんと定職についた、社会常識のある、マトモな男」である自分が結婚できないわけがない、と言い切ります。

「だいたい女性ってさ、男が一人暮らしじゃないと嫌だって言うじゃない。でも俺は東京に実家があるから、一人暮らしする必要がないわけ。それが悪いって言うのかよ。どうせ親の介護しなきゃいけないから同居が嫌なんだろ。義理の両親にいじめられると思ってんだよ。〝渡る世間は鬼ばかり〟の悪影響を受け過ぎなんだよ、バカ女！」

話しながら興奮してきたのか、手の甲にケーキのスポンジを落とし、口にクリームを付けたまま不平不満をぶつけてきます。

「あのですね。今日は2時間という限られた時間なので、まどろっこしい話はいたしません。思ったままを、率直に伝えさせていただきますが良いですね?!」

世の不平を滔々と語り出した松本さんの言葉を遮るように、声を大にして彼と向き合いました。

気迫に驚いた松本さんが首を縦に振ります。

「まず最初に、価値観というのは金銭感覚に限りません。広く人生観や宗教観、結婚観や子どもの教育に対する考え方など〝生きていく上で大切なこと〟すべてです。お相手の女性は何度か会って話すうちに、大切にしたいことが松本さんとは違う、と思われたんでしょう。連れていくお店の問題ではないですよ。次に、どうして一人暮らしの男性が好ましいとされるのか。理由はわかりますか？」

「そりゃ……実家住みだとニートっぽいとか。自活できないとかのイメージがあるんでしょ」

「そうですね。自活とは生活力のことです。仕事もそうですが、具体的には家事や炊事、洗濯の能力のことでもあります。親に頼りきりで何一つしない・できない、というのでは不安にもなるでしょう。できますか？」

するとと松本さんは、家事くらいできる、馬鹿にするなと言わんばかりに目を剥き、険のある表情を見せました。

「失礼しました。では、料理も当然できるんですよね」

今度は俯き、蚊のなくような声でモゴモゴ言います。

「でも、ほとんど料理はやったことないけど……洗濯も、掃除も」

これまでのやり取りで、松本さんのことがだいたいわかってきました。痛いところを突かれると、まずは怒り、それから言い訳を始めるのです。大きな子どもでした。

「あ、でも、共働きで家事や育児が大変なら、お手伝いさんやベビーシッターを雇えばいいんだ。うちがそうだったから」

住み込みの女中さんが数人いたという、幼い頃の豊かな暮らしぶり。義両親は「老人ホームに入れればいい」と言い放ちます。

それら費用の概算を尋ねると、うっ、と答えに詰まる松本さん。エリート公務員とは言え、実際のところそれほど自由になるお金がなさそうだったのです。

大のアニメ好きでもある松本さんが給与の大半をアニメに費やしているだろうことは、ちらっと見えたiPadでわかりました。

カウンセリング中に声優のSNSをチェックし出したときは、さすがに「今やるべきことではありません」と注意しました。きっと本番のデート中も、こうした行為を無意識にやっているのでしょう。

理想の結婚が「お互いの趣味を尊重する家庭」というのも、趣味のアニメに関してあれこれ口を出されたくないだけ。

服装は第2ステップ。体型の維持管理については第3ステップです。まずは「女性ときちんと話ができること」が大前提です。

試しに私に質問をしてください、と水を向けても「何を聞いたらいいかわからない」「最初から踏み込んだ質問なんてできない」と言うので、踏み込んだ質問の定義を聞いてみました。

「学生時代に何の部活やってたかとか……部活に嫌な思い出があるかもしれないし」

松本さん自身、いじめられたりした辛い過去があるのかもしれません。

「住んでるところを聞いても、はぐらかされるかもしれないし」

それもまた、はぐらかされて傷ついた経験があったのでしょう。

一般的な質問が、彼の中では大きなトラウマとして残り、結果として悲観的な人間にさせてしまっている。

松本さんが文頭に必ず付ける「でも」「だけど」も、「だって」という自己正当化も自分を否定されたくない、傷つきたくないというブロックの役目を果たしていたのです。

何かにつけて両親を引き合いに出すのも、将来を嘱望されて育ったひとりっ子ゆえ、いまだ親の絶対的価値観や呪縛から逃れられないでいるのかも知れません。

それに気づいて、少しだけ松本さんに同情してしまいました。

「忘れてほしくないのは、結婚は共同生活なんです。家庭という一つのチームなんです。頼りきったり、個人プレーではいずれ破綻するんです」

趣味を否定はしないし、お互いが趣味の時間を大切にするのもいい。大前提として、日々の生活がきちんと送れているのであれば。大切なのは相手を思いやる気持ちと寛容さ、話し合いだと伝えました。

当たり前のことですが、松本さんにとっては新鮮だったのかもしれません。驚いた顔で、何度も何度も頷いていました。

「今まで女性が何を求めているか、全然わかってませんでした。結婚生活のこと、もう一度しっかり考えてみようかな。今日から家事をやってみるか？　そうですね、やってみます」

「じゃあ、第2ステップ。魅力的に見える服を一緒に探しましょう」

デパートのメンズファッションフロアや小物売り場で、素材によって与える印象の違いやTPOを考えた服装の重要性、などをざっくり説明すると、「なるほど、なるほど。へえ？」と言いながら楽しそうに洋服を手に取っています。

「これなんか、松本さんに合いそうですよ」

「ああ、これに近いシャツ、持ってたかも……ちょっとダイエットしようかなぁ」

なんと、自ら第3ステップの肝に触れたのです。

「自分の話と相手の話を、50％ずつにする。自分の話をしすぎず・しなさすぎず、相手に興味を持ち、話を引き出す。今日教えてもらったこの話、忘れないようにしますね」

帰る頃には、繰り返しつつ笑顔まで見せたそうです。

たった2時間のコーチングです。どれだけの成果が上がるかは、今後の松本さん次第。ファミリーロマンスは、彼さんが運命の相手と出会えるよう、心から健闘を祈っています。

結婚式の出席代行

新郎家族に過去がバレたくない。元AV女優の結婚式

関東地方が梅雨入りした、6月上旬の雨の日でした。

20代の女性から「事情があり、結婚披露宴に友人と会社関係者を呼ぶことができません。代理出席をお願いしたいです」という依頼がメールで届きました。

今も昔も変わらず多いのが、この結婚式や披露宴の代行出席依頼です。

「両家の友人のバランスを考えて、新郎（新婦）の友人役を何名かお願いしたい」というよくあるものから、

「訳あって会社をクビになり、上司を呼ぶことができないので上の人間や同僚役を頼みたい」

「結婚を反対されて出席を断られた両親の代わりをしてほしい」

「新郎（新婦）には○○大卒だと学歴を偽っているので、○○大の同級生として参加してほしい」

などという、二人の今後がちょっと心配になるものまで、様々な事情を抱えた人が、あらゆる役柄の依頼をしてきます。

もちろん頼まれれば、受付からスピーチ、余興も完璧にこなします。依頼主に「本物以上の喜び」を感じてもらうのが、僕たちのモットーですからね。

それはともかく、こういった依頼はたいてい式の直前、ギリギリになって人数調整のために数人呼ばれる、ということが多いのですが、依頼主のメールに書かれた日程には余裕がありました。

詳細を聞くため電話をすると、ややハスキーな女性の声が応答します。

「当日はうちとタメくらいの女性を10名お願いします。それから、生い立ちを流すムービーってあるじゃないですか。来てくれる人たちにはあれにも参加してほしいんですよねえ」

やや気だるそうな口調。

「はい、わかりました。じゃあ、式に参加するスタッフを全員連れて行くので、何枚か集合写真を撮りましょう」

時々あるこうした依頼は、写真のバリエーションを増やすため、撮影場所やスタッフの服装をチェンジして臨みます。昔のプリクラのように、わざと画質を落として学生時代の友人設定に必要な制服姿を撮ることもあります（幸い今までコスプレだと指摘されたことはありません）。

時間ぴったりに指定された居酒屋へやってきた依頼主の佐々木さんは、予想通りの〝ギャル〟でした。

明るい茶髪、大きな目を囲むように上下びっしりついたマツエク、目のやり場に困るほど胸元が深く開いた、タイトなニットワンピース。実年齢よりもやや年上に見えたのは、色気よりも厚くファンデーションを塗った肌の印象からでしょうか。

「今日はありがとうございますー。最初に、依頼した本当の理由を伝えときたくて」

挨拶もそこそこに、早口で切り出す佐々木さん。というのも、スタッフを連れて行くと話したところ「30分で良いんで、先に石井さんと二人で話せませんか？」と頼まれ、僕だけが先に彼女と会うことになったのです。

弊社は、あらかじめ知っておくべき事情がある場合を除いては、依頼理由を聞かないことがほとんどです。

僕だけでも依頼する事情を知っていたほうがイレギュラーな事態に対応しやすいのは確かですが、知っても知らなくても、依頼主が幸せになれるようお手伝いをすることに変わりはありません。

「実は私、AVやってたんですよ」

運ばれてきたウーロン茶を一口飲み、何気ない調子で佐々木さんが言いました。

今から5年前に10数本のAVに出ていて、そこそこ有名だったこと。

地元の友人にバレて一気に広まってしまい、親はもちろん、友達も式には呼べなくなってしまったこと。

AV女優引退後は渋谷のスポーツショップで働いていたが、そこの同僚にも出演経験があることが知られて噂になり、半年で退職したこと。

今は、都心から少し離れた場所で風俗嬢として働いていること。

ダイビングのツアーで知り合った新郎には、そのままスポーツショップで働いていることにしていること。

何も知らないであろう新郎を気の毒に思いつつも、「このことは僕たちだけで留めておきましょう」と提案しました。

職業に貴賤はありませんが、わざわざ依頼主の経歴を知らせる必要はないと判断したからです。

式自体は、もちろん大成功のうちに終わりました。スタッフたち渾身の余興は、当時流行っていた「恋ダンス」。練習の甲斐あって、完璧な振りつけに会場は大盛り上がりでした。

さらに式が終わってひと月ほどがたったある日、佐々木さんから電話がありました。

「プラチナランクを維持するために、お客さんの代行をお願いしたいんです」

彼女の働く風俗店は、毎月のノルマを達成すると時給の高い「プラチナランク」に移行するが、達成できなければ翌月は「レギュラー」メンバーに格下げされ、時給が極端に低くなるのだそうです。

お客さんの代金を自分が払ったとしても、プラチナランクに食い込めば来月は時給で巻き返せる。だからサクラとして来てほしい、というわけですね。

人数は5人。早速、20〜60歳と幅広い年齢層の男性スタッフを手配しました。皆ワクワクして現地に向かったんじゃないでしょうか（笑）。

というのも、客代行であることと店名と所用時間は伝えましたが、ちょっとしたイタズラ心が芽生えて「あとは皆さんの力量次第です」と、含みを持たせた言い方をしてしまったんですね。

よく考えれば、いえ考えなくても、風俗サービスがないことは明白です。

「式が無事に終わったら、お客さんとして来てください。石井さんだけは、リアルにサービスしちゃうので」

ここだけの話、打ち合わせの時に言われていました。はい、もちろん行っていませんよ。

レンタル彼氏

全身タトゥーの恋人の代わりに。新郎役として挙げた結婚式

「今までの代行サービスの中で、依頼主が一番高額な費用を支払ったケースはどれですか？」

ときどき、そのような質問をされることがあります。

長年依頼されているリピーターの方など総額が多いものは別として、一度の支払いが大きかったのは、僕が新郎役として結婚式を挙げた案件です。

「両親に、結婚相手として紹介したい」

依頼主は24歳の女性、西田さん。聞けば、実の恋人とはすでに入籍済みだが、とても両親

が納得してくれるような相手ではないと言います。

事後報告という形で親に頭を下げて「娘さんを幸せにします」と言ってほしい、というのです。

打ち合わせにやってきた西田さんは、ブロンズヘアにグレーのカラコン、スラリと背の高いお嬢さんでした。美人ですが、目が笑わないのでどこか怖い印象を受けます。

「キャバ嬢やってます。入籍したのはウチの店長」

ツーショット写真には、全身にタトゥーが入った、マッチョな男性が写っています。

父親は大手建設会社の元社長。後進に道を譲った後は、専業主婦の母親とハワイに別荘を構え、悠々自適に暮らすかなりの資産家です。

「親はちゃんとした会社でOLやってると思ってます。これと結婚したことがバレたら、マジで殺される」

両腕を抱え、寒い、というジェスチャーをする彼女。なかなかリスキーな道を歩んでいます。

翌月に計画された、結婚報告会を兼ねた食事会。場所は神戸でした。高層レストランから見える夜景が、洗練された都会の空気を感じさせます。

彼女の希望で、僕は日本とアメリカを股に掛ける敏腕会計士という設定。

「3年前、ゴルフの企業コンペでたまたま居合わせ意気投合しました」

馴れ初めを話すと、自身もゴルフ好きという父親が食いつきます。

ドライバーの持ちかたや、スイングの仕方について熱く語られます。お酒も入って上機嫌です。

ところがどっこい。悲しいかな当時の僕はゴルフといったらPS2の「みんなのゴルフ」しか知りません。ゲームの知識で会話を広げる難しさよ。

「そういえば、お父様は温泉がお好きだとか。どのあたりに行かれるんですか?」

話を変えるためにした質問が、藪蛇になりました。なんと依頼主が「よく私たちも二人で温泉に行っている」と話していたらしく、逆に僕らがどこの温泉に行っているか、おすすめはどこかと聞かれてしまったのです。

焦って彼女を目で探すも、離席中。

「いやー、お父さんとの会話はやっぱり緊張しちゃいますね」

酒も飲めず、ゴルフにも温泉にも詳しくない僕は、冷や汗をかくばかり。

「挨拶の前に入籍なんて順番が逆じゃないか、どんな礼儀知らず野郎だと思ったが、しっかりしたいい男で安心したよ」

打ち合わせ不足を痛感しましたが、褒められたので？　成功と言って良いでしょうか。

これにてお役御免と思った2ヶ月後。再び西田さんから電話が入りました。

「あれから親が、費用なら心配しなくていいから、きちんとした場所で式を挙げなさいって、毎日うるさいんです。サッサと挙げて心配事はなくしたい」

かくして新郎役の僕をはじめ、新郎側の親族、新郎側の上司・同僚・友人、新婦側の上司・同僚・友人など総勢200名の代行スタッフが、関西にある超一流ホテルでの披露宴に参加することとなったのでした。本物は、新婦側の親族のみ。

西田さんが（いえ彼女の父親が、でしょうか）このフェイク結婚式に支払った費用総額は、およそ900万円。嘘をつき通すのも楽じゃない。そう実感した依頼でした。

ちなみにその後、僕とは成田離婚したことになっています。人生いろいろありますね。

コラム

資産家の父が結婚を許してくれず……。新郎側が全員「当日参加」の披露宴

「今日これから都内での結婚式に、親族役、上司・同僚役、すべて代理の方に来てもらえませんか。50人必要です。費用ならいくらでも支払います」

男性から電話がかかってきたのは、なんと当日の朝6時。披露宴会場は外資系の超一流ホテルです。

3時間後には親族挨拶が、4時間後には結婚式が始まるという、超直前の依頼です。

イレギュラーな事態なので言い値で交渉すると即座に振り込まれたため、代行スタッフの募集を開始。通常時よりスタッフへ支払うギャラを大幅にアップしたこともあり、40人ほどがあっという間に集まりました。

打ち合わせも何もないため、行き当たりばったり。メールで役名と役柄を伝えると、そのまま会場入り。なかにはその場でスピーチを頼まれたスタッフもおりましたが、無事にやりおおせました。

依頼主の男性は、実の両親に結婚を反対されていた御曹司。直前まで親を説得するも式には出てもらえず、仕方なく僕らを頼ってきたよ

うです。

親族経営のため、会社の上司らも出席することが叶わなかったのだとか。

その証拠に、彼の本物の友人たちだけはしっかりと式を盛り上げていました。

それにしても、当日に50人はリスクが高い。せめて前日までに連絡をくれれば、一つの空席も作らずに済んだのに。

あまりのドタバタぶりに、僕らのなかでちょっとした伝説になっている結婚式です。

お叱り代行

小人になりたい願望を持つ、身長165cmの男性

「現実ではありえないシチュエーションで、キャリアウーマン風の美しい女性にきつく叱っていただきたい」

お叱り代行サービスの依頼に、こんな「異色のお願い」メールが紛れ込んだのは真夏のある日のこと。

何度も反芻したのでしょう。シチュエーションは、驚くほど詳細でした。

「男性だけが成人しても身長2センチ前後の小人で、女性は今と同じサイズの世界の話です。

会社で上半期、下半期の営業成績が悪い男性社員が人事部の女性社員に呼び出され、きつい

お叱りを受けたあと、その社員の巨大な素足で踏み潰される罰があるという世界です。

もちろん、法的にもそのような処遇が認められている前提です。

いわゆる女王様風の叱責にならないように、リアリティある〝女性社員〟として振舞っていただきたいのです。

最後には、ゆっくり素足になって、あたかも足元に男性社員がいると仮定して足裏を見せます。そして『決まりを守れなかったことの罰として、この足で踏み潰します』と言いながら、踏み潰す真似をしていただきたいのです」

おそらく、この〝男性社員〟に自分を投影したいのでしょう。

過去にも、女性に罵声を浴びせられながらビンタされたい、胸毛がびっしり生えたマッチョな男性に罵られたい、着ている服をボロボロに引きちぎられたいなど、マゾヒズムな依頼がありました。

しかし「小人になりたい」とは、どうしたことか。おそらく心理学的には「圧倒的な力で支配されたい」ということなのだと思いますが、そもそもがファンタジーの世界です。

こんな依頼をしたがる男性とは何者なのだろう……。好奇心が疼きます。

さらに男性は「誰かに見られているかも」という背徳感をも得たかったようで、できればビルの入り口付近で叱ってほしいと要望を出してきましたが、万が一通報でもされたら、説明にも苦慮します。考えた末に新宿のレンタルスペースを1時間、借りることにしました。

こういった依頼は、スタッフ二人体制で行うのが基本です。

今回のように密室で依頼主と二人きりにならざるを得ないケースでは、担当する女性スタッフにキッズ携帯を持たせます。万が一の場合、キッズ携帯のアラートコードを引くや、至近で待機している僕に即座に連絡がくるような設定にしました。

古い雑居ビルの小さいエレベータを上がり、女性スタッフが4階へ到着。ドアの前で、一人の中年男性が立って、メガネ越しにじっとこちらを見つめています。どうやら、この男性が今回の依頼主・中本さんのようでした。

身長は165cmほどと小柄。ほとんど坊主と言って良いくらい短く刈られた髪は白っぽく、どこか病弱な雰囲気を漂わせています。

「この度は不躾なお願いを聞いてくださり、感謝いたします。どうぞよろしくお願いします」

頭を下げて挨拶をする姿はきちんとした社会人そのもの。とても変態的なメールを書いてきた人と同一人物とは思えませんでした。

もしも小人に憧れる巨漢だったら女性の力では太刀打ちできないな、と想像して少し怯えていたスタッフ。腰の低い、気弱そうな普通のおじさんだったので安心感を覚えたと言います。

1時間1500円ほどのレンタル会議室は、6畳ほどの空間にテーブルと椅子が数客並べられただけの簡素な空間。中本さんは入室するやいなや、テーブルと椅子を、そそくさと壁側に追いやりました。

「今から小人になるので、一度、廊下でお待ちいただいてもよろしいでしょうか？」

中本さんの指示に従い、廊下で待つこと1分。扉の奥から声がします。

「どうぞ、お入りください」

……誰もいない。リクルートスーツに身を包んだ自分の姿だけが窓に映っています。

いやな予感がして、周囲を見渡すと、壁に追いやったテーブルの下に黒い人影が。

「申し訳ありません。コピー機の受注が目標の10件に到達できませんでした」

蚊の鳴くような弱々しい声が聞こえました。しかも裏声を使った、高めの声です。状況が飲み込めず、思わず「え？」っと声を出すと、

「すみません、この世界の男性は小人なので、それを想像してご対応をお願いいたします」

混乱しているスタッフに向かって、テーブルの下に隠れている中本さんが、普通の声音で話しかけてきました。

テーブルの下に隠れたまま、小人は繰り返します。

「申し訳ありません。今月のコピー機の受注が、目標の10件に到達できませんでした」

これは「叱れ」の合図だと判断したスタッフは、テーブルの下に隠れている中本さんを見ながら、声のボリュームを上げて言いました。

「今月は必ず目標を達成するように指示したはずだけど。先月も部署内での成績が最下位だったじゃない。あなた、一度でもこの約束、守れたことあるの！」

テーブルの下に隠れている、情けない中年男を叱りつける気持ちで声を出したつもりでしたが、中本さんは再び不服そうな声をあげました。

「私のほうを見て叱らないでください。小人はあなたの足元にいます。そいつを叱りつけてください」

あ、足元？　驚いて目をやると、そこにはレゴの人形が。

メガネをかけてスーツを着た、サラリーマン風のレゴが両手を上げた状態で立っています。

予想外の展開に一瞬、緊張が走りました。何かあれば、外に待機している石井が駆けつけるはず、大丈夫！　と言い聞かせ、レゴに向かって怒鳴りつけます。

「今月は必ず目標を達成するように指示したわよね。あなた、一度でもこの約束守れたことあるの！　答えてちょうだい！」

　すると、嬉しそうな吐息をつく中本さん。

「ハァ〜、はい、自分は本当にダメな男です。何度約束したって、いつも守れない、どうしようもないやつです。僕はどうしたらいいでしょうか？」

　かん高い声。小人の気持ちで答えているようです。

「あんたね、いい大人が何甘えたことといってんの。あんたいくつなのよ。いい歳して、新人かよ？　使えない男だよ、本当にお前は」

　理解の範疇を超えたファンタジーな世界への苛立ちと憎しみをこめて、足元のレゴに怒りをぶつけます。ほとんどヤケクソでした。しかし、そのたびに満足げな吐息が聞こえるのです。


　30分くらい、遮二無二叱り続けたでしょうか。後になってスタッフは、途中で一体自分が何をやっているのかわからなくなったと言っていました。

　謎のお叱りタイムは、ついにクライマックスへと突入。

「レゴを、足元の小人を、ゆっくり素足で踏みつけてください」

　スタッフが指示通り、できるだけ時間をかけてパンプスを脱ぎます。

と、足を上げたそのとき。怒り続けて感情が昂ぶっていたせいか、なんと、レゴを思い切り蹴り飛ばしてしまったのです。

「ガッシャ――――ン」

壁にぶつかった衝撃で頭と片腕が取れ、見るも無残な姿となったサラリーマン・レゴ。

「あああ、ごめんなさ……」

焦ったスタッフを、中本さんが遮ります。

「謝らないでください。もろい小人をそのまま叱りつけて、そして踏みつけてください」

まさかの続行指示が出たのでした。踏みつけようが蹴り飛ばそうが、中本さんからすればどちらでも良かったのでしょう。

「……ホントに情けないわね。こんなんで身体がぶっ飛ぶなんて！　もっと体を鍛えなさい！」

もはや叱るネタは何でもあり。残り時間、スタッフはレゴに向かってひたすら罵声を浴びせ続けました。

「ピー、ピー、ピー」

アラートが終了の合図を告げるや、汗まみれの中本さんが、呼吸も荒くテーブル下からのっそりと出てきました。自らの発熱により、眼鏡も曇って真っ白です。

「ありがとうございました。いやー、最高でした」

写真に収めたいくらい晴れ晴れとした顔だったと、スタッフは語ります。

次は本物の看護師の方にお願いしたい、とのことでした。きっと、小人になった患者にでもなって、思い切り叱られたいのでしょうね。

コ ラ ム

スマホの操作からエスコートまで。どんな要望も叶える「執事代行」

最近テレビで放送されるや、依頼が殺到したのが「執事代行」です。「お呼びでしょうか、ご主人様。なんでもお申し付けください」右手を胸に当て、ご主人に仕える、あの執事です。

本来はスーツ姿のようですが、僕は基本的に白手袋、燕尾服。漫画やドラマに出てくるような「ザ・執事」の格好で依頼主にお仕えします。買い物がしたいと言われれば、ブランドショップを何軒でもはしごしながら荷物を持ち、軽井沢までポルシェを運んでと頼まれれば、何時間でもドライブにお伴します。

スマホの操作を教えてと言われれば丁寧に説明しますし、イベント会場にエスコートして欲しいと言われればしますし、掃除をしろと言われれば庭でも墓でもトイレでも掃除します（執事に限りませんが）。「爆買いをした富豪の気分だけを味わいたい」という方には、空の高級ブランドのショッパー（紙袋）の用意があるので、それらを持って銀座や表参道あたりを練り歩くことも可能です。

本物の執事を雇うには、一説によると少なくとも資産50億円は必要だとか。それが弊社のサービスなら3時間15000円で叶います。

先日も24歳の男性から「洋服のセンスに自信がないので選んで欲しい」という理由で依頼がありました。

依頼主の渡辺さんと混雑するカフェで待ち合わせ。目立つ燕尾服を着ているため、周囲の視線が痛いほど刺さります。

「ねえ執事、これどう思う？　似合うかな？」

次々と洋服を試着されながら、僕に意見を求めてきます。執事ですから、基本的にご主人様の考えを否定はしません。

「どちらも渡辺様によくお似合いです」

「こちらも素敵ですが、あちらは渡辺様をさらに魅力的に見せてくれそうです」

このような調子で、真剣にコーディネートのお手伝いをします。

恋や仕事の悩みにもお付き合いし、最後は改札前で深々と頭を下げて、お別れのご挨拶。

執事代行はまだまだ発展途上のサービスです。我こそは有効活用できるという方、依頼をお待ちしております。

葬儀の準備代行

胃がんで3ヶ月後には死んでしまうから。エンディングノートの撮影

その電話がかかってきたのは、蒸し暑かった夏も終わりを告げようとしている、何となく寂しい午後でした。

「突然のお電話、失礼します。ホームページを見てご連絡させて頂きました」

品のある落ち着いた話しぶり。山瀬と名乗る年輩の女性が、言いました。

「率直に申し上げます。私は胃がんです。医師の診断では余命3ヶ月と言われています」

胃がん、そして死の宣告。突如として深刻な話が降ってきたため、一瞬言葉を失いました。

「いつ何が起きてもおかしくない状態だと医者に告げられているのに、厚かましくもこのよ

うなお願いをしていいものか」

たいそう恐縮した様子です。依頼内容は、大まかに言って二つありました。

一つめは、自分の葬儀をあげる準備をしてほしいということ。

二つめは、残された人生を使って、自分の葬儀に参列してくれる人にお礼の気持ちをエンディングノートという形で残したいということ。

葬儀の準備に、エンディングノートを残すお手伝い。どちらも1日や2日で終わるようなものではなく、率直に言って難しい依頼でした。


年間数千件の依頼を受ける当社も、世間的にはまだヒヨッコに等しいベンチャー企業。主要スタッフも20代、30代が中心です。

実感としてはまだまだ遠い〝死〟と向き合い、僕たちの目指す〝幸せ〟と紐付けることが果たして可能なのか。死を覚悟した方に、どのようなアプローチをするのが最善なのか。

このような依頼は初めてでもあり、依頼を受けるべきなのか迷いました。すぐに社員を集め、議論しました。

基本的に依頼を受けるかどうかの線引きは、依頼者が未成年ではないこと、公序良俗に反しないものが前提です。受注オペレーターの判断が難しい場合は稟議書を上げ、オペレーターから部長、最後に僕、全員がＯＫしないと依頼を受諾できない仕組みになっています。
それなりに時間を要する場合もありますが、今回は例外中の例外。僕たちが議論している
この数十分間さえ、山瀬さんにとっては惜しいはず……。

悩む僕の意思を最終的に固めたのは、視線の先にある盆栽でした。祖父から譲り受けた形見の品を、事務所に飾っていたのです。

若いときの交通事故が原因で背中が曲がり、大きな身体を丸めて杖をついて歩いていた温厚な祖父。達筆が評価され、太平洋戦争のときは電報係を任されていたと聞きました。

祖父の回りにはいつも、たくさんの人が集いました。みんな彼とお喋りがしたくてやってくるのです。人を惹き付ける何かを、祖父は持っていたんでしょうね。子ども心に、僕はそんな祖父が誇らしくてなりませんでした。

10年前、祖父が亡くなった時には葬儀に大勢の人が詰めかけました。家族や、大勢の友人たちに見守られて安らかに旅立った彼は、きっと幸せだったはずです。

見るたびに祖父の笑顔を思い出す盆栽は、まさに祖父が「生きた証」。

祖父と違い、「頼れる身内がいない」と言う山瀬さんを思いました。さらに祖父の盆栽のように「生きた証」となるものを、彼女は残りわずかな時間を使って、これから作ろうとして

いるのです。

そこまで考えたとき、代行を通じて〝少しでも社会の不平等を、凹凸をなくしたい〟と思い定めた企業理念を、僕自身が忘れかけていたことに気づきました。

何を悩んでいたんだろう。僕が穴を埋める土にならなくてはいけないのに。

依頼を受けますと山瀬さんに伝え、打ち合わせのためにすぐさま彼女が入院している都内の病院へと向かいました。


山瀬さんは大部屋のベッドで、きちんと折りたたんだ布団を前に座り、静かに本を読んでいました。

「わざわざ来てくださって、何とお礼申し上げていいやら」

声をかけるとパッと顔を上げて、何度も頭を下げます。コロコロとよく笑う、笑顔が素敵な女性でした。

思ったより肌ツヤも良く、とても余命を宣告されたがん患者には見えませんでした。サイドテーブルの上にある、大量の錠剤さえなければ。スカーフを取って、首元を見せてくれなければ。

「転移してしまったんです」

首回りにある腫瘍の大きさから、病は深刻な状況だとわかりました。

一つ、気になっていることもありました。身内がいないと聞いていたものの、それでも誰か一人くらいはいるんじゃなかろうか。疑問を残したまま受けるには荷が重い。思い切って尋ねてみることにしました。

「電話で伺っておりますが、本当にご家族はどなたもいらっしゃらないんでしょうか？」

それまでのにこやかな表情から一転、山瀬さんの顔に影が落ちました。

「家族は、いたんです。息子が一人。だけど彼が3歳の時に、私が不倫して家を出て行ってしまったので」

もう息子には会う資格がないんです、と悲しそうにつぶやきます。

僕はただ、黙って頷くことしかできませんでした。

しばらくの沈黙ののち、本当は誰にも言わないつもりだったんですが、と前置きした上で山瀬さんが言いました。

「葬儀場は、もうこちらで手配してあると電話でお話ししましたよね」

身内がいなくても葬儀の手配だけなら、あらかじめお願いしておいた葬儀場が請け負ってくれます。

「その葬儀場、実は息子の……シュンの職場なんです」

思わず息を飲みました。なぜ職場がわかったんですか？

「探偵を雇って、探してもらいました。身勝手な母親だとは百も承知ですが、余命わずかな人生と知って、最期に一目、息子の顔を見てみたくなったんです。……結局、やめました。会ったところで私のことなんて覚えていないでしょうし、私は再婚して苗字も変わっておりますし」

息子にも家族がいるようで、いまさら知って困惑させてしまうのは申し訳なさすぎるから、と山瀬さんは言いました。

僕は、シュン君も父親になっているなら、きっとお母さんの気持ちも理解できるはずです。お会いしてみませんかと提案してみました。が、彼女は
「死んだときに葬儀場で会えるので、それでいいです。それがいいんです」と言って、決して首を縦には振りませんでした。

山瀬さんの身の上話を聞いたことで、僕は自分の心が漬物石で上から圧迫されるような気持ちになっていました。

それぞれ、たった一人の母親と息子。生きているのに、会えるのは死んでから。それも、このままだと息子は母親だと気付かずに見送ることになる。

ぐるぐる考えていると、気持ちが下降していくばかりでした。

その日以降、僕は山瀬さんと毎日のように電話で会話をするようになりました。

「シュンは、ちょうど石井さんくらいの年齢です。だから、あなたと話しているとつい息子のように思えてきちゃうの」

基本的に業務外での電話については、情がうつってしまわないようできるだけお断りしているのですが、山瀬さんだけは別でした。

もしもかかってくる電話を取らなかったら、彼女の孤独がより深まってしまいそうで心配でもありました。また僕と会話をすることが、山瀬さんのシュン君に対する贖罪の気持ちの表れでもあるような気がして、とても断れませんでした。

電話の内容は、他愛ないものばかりでした。病院で出た焼き鮭の塩っけが足りなくてご飯が進まなかったとか、最近テレビでよく見るお笑い芸人のモノマネを病室の人が毎日しているとか、僕と海に行けることが楽しみで眠れないなど。

治療が大変だと愚痴るようなことは一切なく、電話越しに聞く山瀬さんの声は、いつも明るいものでした。

2週間後のある日、僕は山瀬さんと葛西臨海公園にいました。そこは彼女の思い出の地。

1週間前に訪れる予定でしたが、山瀬さんの体調が安定せず、伸びたのでした。

その日、医師による朝の診察で「外出許可をもらえたの！」という弾んだ声を聞いた僕は、タクシーに飛び乗り急いで病院へ向かいました。

病院の玄関前で、看護師と一緒に僕を待っていた、車椅子姿の山瀬さん。

僕に「なんだか今日は朝からとても調子がいいのよ」と笑いかけ、自ら車椅子を動かしてタクシーに向かっていきます。

「最近、笑顔が増えたんです。よく石井さんの話をされていますよ」

看護師から、最近の体調や飲む薬、何かあった際の緊急連絡先を書いた紙を渡されました。

タクシーに乗り海に向かっている間も、山瀬さんは朗らかに笑っていました。いつも電話で会話するときのように。

そんな彼女を見て笑顔で相槌を打ちつつも、前回よりさらに大きくなった首元の腫瘍を見て、胸がぎゅっと締め付けられる思いがしていました。

目的の駅で下車すると、車椅子を押しながら、海に向かって歩きます。抜けるように高く青い、晴れた秋の空。心地よい潮風が頬を撫でていきました。

観覧車を横目にゆっくり時間をかけて散歩を楽しみ、水平線が臨める海辺に着いたときです。

「お天気も良いし、今日で正解でしたね」

話しかけようとした矢先、山瀬さんの肩がこきざみに震えていることに気づきました。

「あぁ、懐かしいわ。息子と最後に来た場所なんです。……どうして、どうして私は、道を誤ってしまったんでしょうか。本当に、シュンには取り返しのつかないことをしてしまいました」

目にいっぱい涙を浮かべて、悔恨の言葉を口にします。

海岸沿いを、幼い子どもの手を引いて歩いてゆく若い母親の姿。散歩中の犬を見つけてはしゃぐ子どもの声。在りし日の山瀬さんだ、僕はそう思いました。

かける言葉が見つからず、ただ後ろから両肩にそっと手を添えることしかできませんでした。

しばらく黙って、二人で水平線を見つめていました。

日曜ということもあり、観光客やジョギングする人たちの姿が目立ち始めましたが、僕らの周りだけはまるで鉛のベールに包まれているかのように重たい空気が立ち込めていました。

どのくらいの時間が経ったでしょうか。真上にあった太陽がだいぶ傾き、影が長く伸びているのに気が付きました。

「疲れていませんか？」腰をかがめて声をかけると、

「……なんだか、ごめんなさいね。本当はこんなことを言うつもりで来たんじゃなかったの。つい、息子への後悔が先に出てしまって」

山瀬さんが申し訳なさそうに首をすくめました。

「この場所を、動画で残したいと思っていたんです。石井さん、エンディングノートの撮影、ここでお願いさせてください」

ぎゅっと、僕の手を握ります。その手は温かく柔らかく、母親のぬくもりに満ちていました。

持参したビデオカメラを取り出し、海を背景に撮影を開始します。

「僕が3歳の時に連れてきてくれた海だね、母さん。もう30年近く経つけど、あのときと景色は変わった？」

この2週間というもの、どんなふうに撮影しようかとあれこれ考えていましたが、カメラ越しの山瀬さんを見た瞬間、自然と息子の気持ちになって言葉が口をついて出ていました。

「もう30年にもなるのね。その年に葛西臨海公園が開園したのよ。懐かしいわね……」

遠くを見るように目を細めた山瀬さんが、お願い、そこの貝殻を拾ってちょうだい、と車椅子から手を伸ばします。

落ちている貝殻を一つ取り、まっ白なそれを、山瀬さんの手のひらにそっと乗せました。

「そうそう。ちょうど私が、この形をした貝殻を踏んで、足を切っちゃったのよね。血を見たあなた、すごく心配してくれたわね。ママ、大丈夫？　痛い？　お医者さんのところ行く？って泣きながら。一生懸命ハンカチで押さえてくれたの。小さな、小さな手で」

山瀬さんの声が潤みます。

「シュン、優しかったね。こんな母さんを許してね。本当に本当に、ごめんなさい……」

息子の名を呼び、両手に顔を埋めて、車椅子に乗った山瀬さんが泣き崩れてしまいました。

カメラを回す僕の目にも、熱いものがこみ上げました。山瀬さんの心のうちを思うと、涙はなかなか止まってくれませんでした。

日が暮れて、その日の撮影は終了。

疲れたのでしょう。行きと違って山瀬さんは帰りは一言も喋らず、ただじっと流れる車窓に目をやっていました。

その後は山瀬さんの体調が安定せず、病院の外出許可が下りなかったため、彼女の希望した撮影場所には僕ひとりで出向きました。

安産祈願のために毎日通った神社、行きつけだった喫茶店、上野動物園に花やしき。いずれも、息子さんとの思い出が詰まった場所でした。

出産した年の冬にシュン君が風邪を引いてしまい、焦って裸足のまま近所の病院まで抱えていったことや、屋台のソース焼きそばが大好きなシュン君が、お祭りを楽しみにしていたこと。

病室へ会いに行くたび、そんな話をしてくれました。30年も前のことなのに、まるで昨日のことのように生き生きと。その声も撮っていきました。

山瀬さんと最後に会ったのは、編集した映像を見せた日です。

それからわずか10日後。最初に電話があった日から数えて、ちょうど3ヶ月後でした。年末も迫った寒い日の朝に、山瀬さんが旅立ったという連絡を受けました。

僕たちは予定通り、葬儀の準備を粛々と行いました。人の死に関する手続きはなかなかに煩雑で、知人への連絡や必要とされる資料の量が思うより多く、改めて葬儀というものが大変なセレモニーだと実感しました。

「お葬式で、息子に会える」

山瀬さんの声が耳にこだまします。やっと会える、僕もそう思っていました。

ところが葬儀当日、息子さんは会場にいませんでした。

葬儀場のスタッフに確認すると、今日は代休を取っているというのです。

何ということでしょうか。

山瀬さんの「知らせないでほしい」という意向を尊重し、この日まで息子さんには黙っていたのでした。誰の葬儀か、名前だけでもちろん息子さんがわかるはずもありません。

彼が当日出勤しない可能性がある、という基本的なことが、すっかり頭から抜け落ちてしまっていたのです。知らせておくべきだったのに。

一番重要な日にミスをしてしまった自分を責めました。

山瀬さんの映像は、僕の手元にあります。

嬉しそうな顔、悲しそうな顔、後悔の念に駆られて苦しそうに歪んだ顔、泣き笑いした顔……僕の中で、まだ彼女は生きていました。

強い思いが詰まったこの映像は、絶対に息子さんに届けなければいけない。最後のお別れをするのは他の誰でもなく、シュン君でなくてはならない。

申し訳ないけれど少しの間でいいから彼を呼んでくれないか、会場で頼み込みました。

「最期に一目、彼の母親に会ってほしいんです」

不思議そうに理由を尋ねるスタッフにそう告げると、さっと顔色が変わり、すぐに彼の携帯へかけてくれました。

お経とお焼香が終わり、火葬前の最後のお別れ。一人の男性が駆けつけました。

息子の、シュン君でした。

想像だにしなかったであろう電話を受けて、取るものもとりあえず慌てて出て来たのでしょう。デニムにジャケットという出で立ちの男性が、呆然と祭壇前へ進みます。

お棺の中の顔を見た瞬間、片手を当てた口から嗚咽が漏れました。

「母さん……」

冷たくなったその手には、まだ幼い彼の写真が添えられていました。

シュン君は、何度も山瀬さんの頬を両手で撫でていました。温めているかのように、何度も。

火葬のあいだ、iPadで編集した映像を見てもらいました。その場に崩れ落ち、目を真っ赤に腫らして涙に咽ぶシュン君。映像の中の山瀬さんは、つねに彼に向かって語りかけていました。

30分ほどして幼い娘を連れた奥さんがやってきて、一言二言、僕と挨拶を交わしたのを覚えています。家族にとっても青天の霹靂で、きっと整理するまでにしばらく時間が必要でしょう。

葬儀が終わったあと、本当にこれで良かったのか、僕はずっと考えていました。

生きている間に、彼女の意向を無視してでも息子さんに伝えるべきだったんじゃないか。30年ぶりの再会がこんなに悲しい別れになってしまって良かったのか。僕はもっと何かできたんじゃないのか。

今まで、これほど激しく心を動かされた依頼はありません。

赤ちゃんレンタル

余命幾ばくもない父親に孫の顔を見せたくて

5年ほど前の冬。1歳～1歳半の子どもをレンタルしたい、と女性から電話がありました。当社の子どもレンタルには、かなり厳しい条件があります。

本物の親が依頼主の近くで待機するのは必須、原則として個室は禁止、短時間の利用に限るなど、当然ながら子どもの安全が確保できないと判断した案件は引き受けません。

そのため、希望者がいてもなかなかレンタルするまでに至らないのが実情です。

この依頼は、そんな厳しい条件をクリアした、初めての〝赤ちゃんレンタル〟事案です。

女性は26歳、水野と名乗りました。

幼い頃に病気で母親を亡くし、男手一つで育てられた彼女でしたが、幸いにも金銭的には不自由したことがなく、ひとりっ子として大切に育てられたのだそうです。

しかし父親の反対を押し切って結婚をしたことがきっかけで、父親とは絶縁状態になってしまいました。

今年に入り、人づてに父親が重篤な病気で入院していると聞き、見舞いへ。およそ2年ぶりの再会です。

痩せ細り、まるで別人のように穏やかになっていた父はもう怒ってはおらず、予想に反して「あの時は反対してすまなかったな」と、水野さんに頭を下げるのでした。

そして「孫の顔が見たい」と言うのです。さて、大いに困った彼女。

というのも、結婚して1年後に出産し、絶縁中の父に娘の写真入り年賀状を送ったまではいいものの、その後、まさかの自分の不貞行為が原因で夫とは離婚していたのです。

話し合いが決裂し、娘の親権は相手側へ。面会も叶わず、父親に会わせたくても会わせられない状態です。

彼女は迷いました。

離婚して子どもの親権がない、と真実を伝えるべきとは思う。しかし、余命いくばくもない父親にショックを与えてしまっていいのか。

それとも、その場かぎりのことと割り切り、自分の子と偽って他人の子を会わせるのか。

彼女は後者を選んだのでした。

この決断には賛否両論があるでしょう。スタッフ間でも色々な意見が出ましたが、考え抜いたすえに、条件付きで子どもを貸し出すことにしました。

1歳～1歳半といえば、個人差はありますがようやく歩けるようになった頃。おむつも取れていない子が大半です。

そんな子どものレンタルには、僕らもかなりナーバスにならざるを得ません。利用は病室の中で5分間のみ。病室の外で僕たちスタッフと本物の親が待機している、という制約のもとでのレンタルです。

それでも良ければ、と告げると、彼女は嬉しそうな声をあげました。

当日。病室の外で待機している僕らの耳に父親の明るい声が響き、複雑な気分になったことを覚えています。

彼女と父親、レンタルした孫。記念撮影を終えて、任務完了となりました。

「ありがとうございました、本当にありがとうございました……」

深々と頭を下げ、お礼の言葉を口にする水野さん。その瞳には、本当の娘を手放してしま

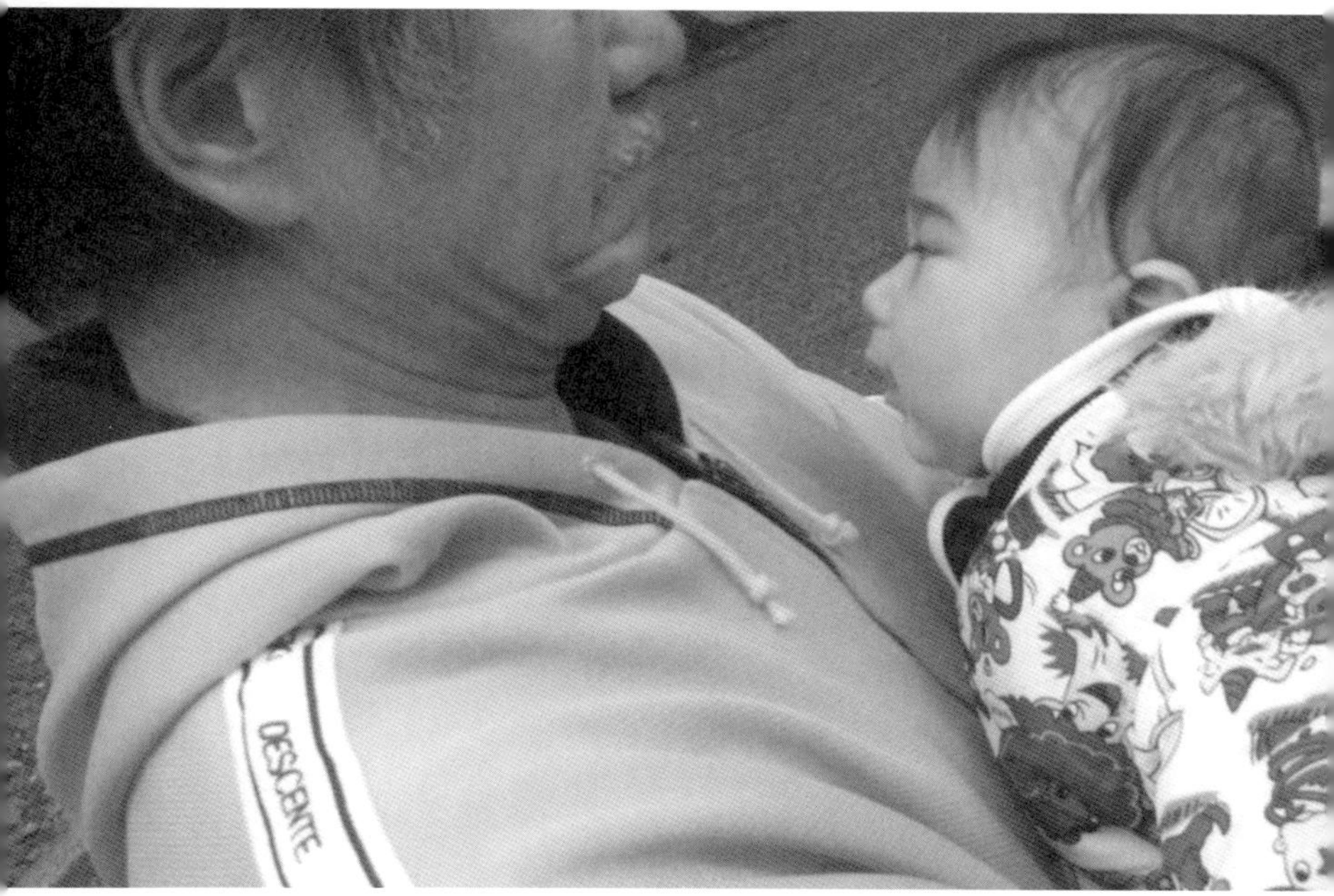
DESCENTE

った深い後悔の色が見て取れました。

「いつか、娘さんと会えたらいいですね」

心から の気持ちで、僕は彼女にそう告げました。人は誰でも間違いを犯します。だからこそ反省し、何度でもやり直せるのではないでしょうか。

その後、父親の病床には、三人で撮った記念写真が飾られたと聞いています。

ファン代行

アイドルの娘を支える為、母が内緒で演じる「架空のタクシードライバー」

1年ほど前のことです。藤代と名乗る女性から「娘のライブに、タクシー運転手として行ってほしい」という依頼がありました。

いわゆる「ファン代行」は現在、当社の得意分野です。希望とあれば一人からでも、場合によってはホールを埋め尽くす大人数を揃えたりもします。本物のライブ以上に盛り上げ、会場を熱く沸かすこともできます。

システム屋としての本領を発揮し、ファンサイトを作ることもあります。

笑う人もいますが、あのビートルズだってファン第一号はサクラだったという話もあるくらいですから、嘘から出たまことになってもおかしくはありません。

あらかじめ理由を話しておきたい、と依頼主の藤代さん。翌日の昼に打ち合わせることにしました。

新宿のカフェに現れたのは、黒のワンピース姿で品の良い雰囲気をまとった、40代後半の美しい女性。

娘さんはいつからアイドル活動をされているのかと尋ねる僕に、目を伏せて話し出しました。

「アイドルと言って良いのか、どうか。私が悪いんです。あの子……美結の人生を奪ってしまった」

多忙を理由にほとんど家に帰らない、大手信託銀行の取締役を務める夫。専業主婦である彼女はその寂しさを埋めるかのように、幼い頃から一人娘に「英才教育」を施したそうです。

英会話、パソコン、公文式、習字にピアノ。たくさんの習い事、そしてお受験。

友達と遊ぶ暇もなく、毎日十時間以上も机に向かい続けた美結さんは、努力の甲斐あって私立一貫校からストレートで東大に進学しました。

彼女にとって、彼女は自慢の一人娘でした。2年生になったある日、「大学を中退してアイドルになる」と宣言するまでは。

想定外の事態に、我を失うほど驚き慌てた藤代さん。理由を問いただすと、「昔からの夢だったから」の一点張りだったそうです。

「お受験には関係ないから」「受かったらやりましょう」

振り返れば、美結さんが幼少時からダンスや歌に興味を示すたび、そう言って受け流してきました。

「東大に受かればいいんだ。そうすれば、好きなことができる」

入学してまもなく、美結さんは芸能事務所に応募します。小さな事務所に所属したものの現実は厳しく、アイドルとして思うようには芽が出ません。

頑張っても頑張っても、ファンがつかない。「努力は裏切らない」をモットーに生きてきた彼女にとっては、打ちのめされるような辛い日々でした。

そんな状況が1年ほど続き、徐々に美結さんの精神は蝕まれていきます。ついには自殺未遂まで……。

結局、授業にはほとんど出ないまま、退学届けを提出。事務所も解雇され、しばらくは精神科に通院する日が続きました。

それから半年が過ぎる頃、夫の知人のコネで、なんとか別の事務所へ入れることになりました。自費とはいえ念願のＣＤを出せた美結さんでしたが、依然としてファンはつきません。

突然泣き叫び、カーテンを切り裂く。一歩も部屋から出てこず、近所から苦情が来るまで大音量で音楽をかけ続ける。売れないストレスから情緒が不安定になり、奇行が目立つようになったそうです。

何日も食事を摂らずに貧血を起こして倒れ、救急車を呼んだことも一度や二度ではありません。美結さんの心は、再び壊れかけていたのでした。

「私の厳しすぎた躾や教育が、美結の心を弱くしてしまったんです」

アイドルという夢を断たれたら、娘はどうなってしまうだろう。もう二度と、自殺なんて馬鹿なことは考えて欲しくない。

〝岐阜のタクシードライバー〟。

藤代さんは悩んだ挙句、架空のファンを設定し、娘を支える決意を固めました。

毎日のようにTwitterで話しかけ、Instagramが上がればすかさず〝いいね〟を押す。SHOWROOMで、一度に5万円分も課金したこともありました。

「こんなことを続けても、どうにもならないことは分かってます。よく分かってます。でも」

声を震わせ、俯く藤代さん。唇をきつく噛み、絞り出すように言いました。

「美結には、ファンという存在が絶対に必要なんです……」

娘を思うあまり、自身が作り上げてしまった架空のファン。誰にも悩みを打ち明けられない苦しみ。彼女の全身から、哀愁が満ちていました。

美結さんの事務所ライブは、１週間後の土曜日。

「僕でよければ、精一杯彼女を応援させていただきます」

そう約束をすると、当日、池袋にある小さなライブハウスへと向かいました。

何人かの女の子が交代で出てきて歌います。ファンの数はまちまちで、人気のある子は揃いのＴシャツを着たファンがいわゆる「オタ芸」を披露。

僕もオタ芸は踊れます。もちろん、ファン代行で身につけた技術（？）です。

お目当のアイドルの出番が終わると、彼らは「やりきった」とばかりに、汗を拭いつつ、ライブハウスの後方にはけていきます。

次はいよいよ美結さんの出番。オタ芸ダンサーズと交代するように、僕は舞台前方へと進みます。

彼女のファンは、あろうことか僕一人でした。ライブハウスの後方で固まった男たちは、すでに〝推し〟によるチェキ撮影まで待機する体制に入っています。

テンポの良い音楽とともに、美結さんが舞台に登場。

肩で揃えられた黒髪。まだ幼さの残る顔立ちに、太めのアイラインがアンバランスな印象です。ゴスロリ系の衣装は、ふくよかな彼女が着ているせいか、街で見かけたメイド喫茶の店員さんを思い出しました。

「美結ちゃ――――ん」

あらんかぎりの大声に、照れ笑いを返してくれました。

高らかに歌いだす美結さん。大勢のファンを前にしたかのように、堂々としたパフォーマンスでした。

物販タイムにはＣＤを買い、チェキも撮りました。

SHOWROOMを見てファンになったこと、いつもTwitterでやり取りをしていること、遠くからずっと応援するよ、といったことを伝えます。

「あり、がとう、ございます」

初めてついたファンが、よほど嬉しかったのでしょう。美結ちゃんは、僕の手を握りしめて、子どものように泣いていました。

「今日のライブは今までで最高の出来だったそうです！　ぜひ来月もお願いします」

当日、依頼主の藤代さんから届いたお礼メールです。

僕は、藤代美結のファン１号。あれから彼女が出演するライブには欠かさず通っています。

謝罪代行

上司に嘘をついたばっかりに。こぼしたコーヒーの始末

「うっかりコーヒーをこぼしてしまいました。私の代わりにその謝罪をしてほしいのです、実はコーヒーをこぼしたのは自分でしたと……」

メールの文面を見て、思わず「はっ？」という声が出てしまいました。

謝罪代行とは、謝罪をしたいが一人では相手の怒りを鎮める方法がわからない方、時間が経ちすぎてしまい謝罪のタイミングを逃してしまった方など、謝罪に関する悩み全般をサポートするサービスのこと。

２０１５年の開始以来、依頼は倍々ペースで増えています。

納期の遅れなどビジネスに関することから、不倫相手に子どもができてしまった、犬が隣の子どもを噛んで怪我をさせてしまったなど、謝罪の内容や深刻さは様々です。

なかでもここまでくだらない、いや矮小な事案の依頼には、なかなかお目にかかれません。

ユニークなメールを送ってきたのは、23歳の男性でした。

話の内容はいたってシンプル。コンビニでカップコーヒーを購入した依頼主の小池さんが、そのままオフィス内のトイレに入ったところ、何かにつまずいてそのコーヒーを床にこぼしてしまいました。

すぐにトイレットペーパーで適当に拭いたものの、その「適当さ」があとで問題に。直後にトイレを利用した小池さんの上司が、汚れた箇所を発見。会社の中で犯人探しが始まってしまったのです。

粘着質の上司は、一度部下のミスを見つけると何ヶ月もそのことを根に持って糾弾する、ネチネチした性格の持ち主だそうです。

「自分がやりました」と正直に言って謝ればよかったのでしょうが、問われたとき、反射的に「私ではありません」とウソをついてしまった小池さん。

上司はその時間に社にいた全社員を一人ずつ呼び出しては、執拗にアリバイの確認を行っているのだそうです。

このままだといずれ自分がやったことがバレてしまう。考え始めると気持ちが鉛のように重くなり、退職を考えるほど追い込まれているというのです。

藁にもすがる思いで謝罪について調べていたところ、代行事業を行なっている当社を検索して発見。

「ちょうどその時間に来社していた取引先の人物として、コーヒーをこぼしてしまったのは自分だということにしてほしい」と依頼されたのでした。

僕としては、防犯カメラでもあれば一発でバレてしまうのでは……という懸念がありましたが、電話口で事情を説明する小池さんの口調は真剣そのもの。打てる手はすべて打つという気概が伝わってきました。

犯罪のような行為には決して協力しませんが、これは罪というほど大した行為では全くありません。そもそも「コーヒーをこぼしてごめんなさい」と謝る代行なんて、バカバカしくて、かえって面白く感じてしまったのも事実です。

ただし、いくらバカバカしいとはいえ嘘を重ねるわけですから、慎重に行動しなければなりません。

取引先の情報やこぼした時間、コンビニで買ったコーヒーのメーカー名などをヒアリングし、善は急げとばかりに翌々日、謝罪に出向くことになりました。

小池さんが、上司を含めた三人での打ち合わせをセッティング。新顔の僕は代理で来たという体を装います。

ひととおり仕事に関連した話をした流れで、

「いやー実はこの前、御社のトイレでコーヒーをこぼしてしまいましてね……。掃除が甘かったんじゃないかと、実はずっと気になっていたんですよ」

頭をかきながら、コーヒーをこぼしたのは自分だというアピールをしました。だいぶ失礼な話ですが、上司の怒りの矛先を自分に向けるためです。

上司はにこやかに笑いながら、

「そうでしたかー。いやいや、気にしないでください。私はこいつがこぼしたんじゃないかって、ずっと思ってたんですけどね」

そばにいる小池さんを指して、そう言いました。真っ青になって唇を震わせていた彼の顔が、今でも目に焼き付いています。

レンタル家族

あわやバッティング!? 2家族を同時に面倒見る「父親」のピンチ

僕をレンタルしている家族は一つ、二つではありません。複数の家族の「父親」を並行して行っています。つまり、僕のことを「本当の父親」だと思っている子どもが、全国各地に何人もいるのです。

一般的観点からすると、かなり異常な状態ですよね。

メディアの取材でも「何かヤバかったことはないのか?」と、よく聞かれます。幸いにしてこれまで大きなトラブルに発展したことはないのですが、危機的な状況に陥ったことはあります。

都内の遊園地で行う、ヒーローショーのイベントに、スタッフとして参加した夏の日のことです。戦隊モノの格好をしたヒーローや着ぐるみが出てきて、お客さんと絡んだり来場者を楽しませる類のものです。

依頼主はイベント仲介会社。直前でスタッフの増員があった場合など、アルバイトの手配が難しい案件は、僕たちのような代行業者に声が掛かることもままあるのです。

僕らのミッションは、ショーに登場する着ぐるみの「中の人」と、ステージ前に観客を誘ったり、整列させる「誘導係」。僕ともう一人の女性スタッフが現場に派遣されたのですが、長身の僕にとって着ぐるみは小さすぎます。着ぐるみ役をスタッフの彼女に任せることにし、誘導係を僕が引き受けました。

午後一番で始まるヒーローショー目当てに、たくさんの親子連れがやってきます。

「はーい、順番に並んでくださーい」

「転んじゃうと危ないから、押さないでねー」

身振り手振りを交えて声をかけつつ、前方から順に観客席を割り当てていた、そのときです。

「パパ？」

膝のあたりから聞こえた小さな声に視線をやると、4歳くらいの女の子のキラキラした瞳とぶつかりました。

何度もレンタル父親業を行なっている、母子家庭の子どもでした。女の子の手を引いている若い母親が、その依頼主。彼女も突然の出来事に驚きの表情を隠せないでいます。

「ああ、菜々ちゃんか。びっくりした、偶然だねー。パパね、今お仕事中なんだ」

業務時間外とはいえ、無視するわけにもいかず、平常心を装って対応します。母親とも二言、三言、会話をしたでしょうか。想定していなかったものの、そこまでは問題ありませんでした。

すると今度は、真後ろから声が聞こえてきたのです。

「お父さん？」

振り向くと、そこにはおばあちゃんのスカートを握りしめた5歳くらいの男の子。満面の笑みを浮かべ、片方の手で僕を指差しています。

「やっぱりお父さんだー！　何してるの？」

最悪の事態でした。彼の母親もまた、同じように僕を父親として何度もレンタルしているシングルマザー。おばあちゃんの後ろから、売店で買ったソフトクリームを手に駆け寄る母の姿がありました。

僕の両隣にいる子どもたち。何も知らない二人の子どもは、思いがけない場所で僕に会えたことが嬉しくてたまらないらしく、ワクワクした様子です。

休日の遊園地で、2組のレンタル家族に挟まれてしまった僕。ワクワクどころか、絶体絶命のピンチ状態です。下手をすれば、どちらの子どもにもレンタル父親であることがバレてしまう…。それだけは絶対に避けなければいけません。

気温の高さとは関係なく、脇汗がどっと出たのがわかりました。スタッフとしてこの場にいる以上は、逃げることも許されません。

「あー、えー。ちょっと待っててね！」

動揺を悟られないよう、子どもたちに笑顔を向けた後ろ向きの体勢のまま、その場からそっと離れます。大きな木の後ろで振り返るが早いか、一目散にステージ裏に駆け込みました。

ちょうど、着ぐるみから顔だけを出している女性スタッフと目が合いました。

「あ、石井さーん。これ重いですよー。頭だけでも着けてみます？」

着ぐるみの頭を差し出すスタッフに向かって叫びます。

「それ脱いで、今すぐ！　僕と代わって」

驚くスタッフに手短に事情を話し、ポジションをチェンジ。ゆるキャラと思しき黄色い着ぐるみは、確かに重い。そして暑い。しかも致命的なことに、僕には明らかに小さすぎます。とはいえ、もう表には出ていけない。背に腹は代えられないのです。

かくして僕は膝を曲げた、中腰のキツイ体勢のまま、30分間のヒーローショーに出演しました。


無事にショーが終わり、観客をスタッフ全員で見送ります。

「ねえねえ、パパは?」「お父さん、どこへ行ったの?」

それぞれの子どもたちがお母さんに尋ねる声を、着ぐるみごしに聞きました。

どうにかこうにか、乗り切った。そっと胸を撫で下ろしたと同時に、二度と休日の遊園地には来まい、と心に誓ったのでした。

無理な体勢をとり続けたせいで膝はガクガク。しばらく立ち上がることさえできなかったのは言うまでもありません。

不倫の謝罪代行

時には殴られることも。浮気相手に扮して先方へ謝りに行く

ここ数年、芸能界は不倫ブーム。騒動が長期化するか、沈静化するかは謝罪の仕方一つで決まります。つまり、それだけ適切な謝罪は大切なのです。

２０１７年頃から一気に増えたのが、このような不倫の謝罪代行です。よくあるのが職場でのダブル不倫。妻の浮気に気づいた夫が、自分の家庭だけ壊されるのは耐えられない、相手の奥さんを連れて一緒に謝りにこい、と浮気男に怒り狂ったとします。浮気の事実を相手の奥さんは知らないとしたら、どうでしょう。相手の妻が、浮気女の旦那を呼び出すという場合も然り。どちらにせよ泥試合は避けられません。

そんなときに、妻もしくは夫役の代行スタッフを連れて行くのです。

本妻が、愛人を連れてこい、相手の会社に乗り込んでも叩きのめしてやる、と色をなすこともあります。愛人としては恐ろしいので行きたくない。そんな時に〝愛人役〟として出向くのです。

例外はあるものの、謝罪や話し合いの現場は、基本的にカフェなど「第三者の目がある公共の場所」です。

女性スタッフが謝罪に出向くときは、客のふりをした僕が近くで待機。怒りの矛先を変えるため、まずは依頼主である夫に、妻役や愛人役のスタッフがキレた演技をします。

「私も知らなかった、騙された」と叫びながら水を依頼主に引っかけたり、どついたり。

「まあまあ、お店の中ですし、落ち着いて」

無関係の僕が出て行き、その場を収めるのです。

もちろんリスクの高い依頼なので、それなりの費用はいただきます。ケースバイケースのため一概には言えませんが、頭に血が上った相手に殴られたり怪我をさせられたりしなければ、離婚の訴訟費用や慰謝料よりはリーズナブルなはず。

男性側が謝罪する必要がある場合は、できるだけ僕が出向くようにしています。

首にタトゥーシールを貼って、強面に見せるのがポイント。子ども騙しの作戦に見えて、なかなか効果的なのです。タトゥー効果で、相手の威勢のよさが影を潜めるのを何度も経験しています。

とはいえ、殴られて肋骨が折れたことも一度ならずあります。不倫の謝罪代行はまさに命がけと言えるでしょう。

一例を挙げましょう。

依頼主は30歳の女性でした。

「旦那に不倫がバレてしまいました。相手は職場の取引先の人で、交際の事実を誰一人として知りません。激昂した旦那に、相手の男を連れてこいと言われたものの、事情を知った相手は逃げてしまい、連絡が取れなくなってしまいました。

今週末までに謝りに来なければ、旦那は相手の会社を調べ、乗り込むとまで言っているんです。そんなことになったら職場にはいられないし、会社として大ごとになる。どうにかしてもらえませんか」

依頼主の松田さんからは、電話口から不安と焦燥が伝わって来ました。

早急に場を収める必要があったため、僕が不倫相手として、彼女の自宅がある横浜市内のマンションへ謝りに出向くことになりました。

例によってコワモテを装った格好のまま、平身低頭して謝る僕。自宅が舞台となる謝罪代行の場合、決して部屋の奥までは進みません。

玄関を開けるや否や、頭をタタキに擦りつけるようにして土下座をします。そのほうがインパクトがあるという理由もありますが、仮に靴を脱いで部屋へ入った場合、頭に血が上った相手が刃物を持ち出しでもしたら、もはや逃げようがないからです。

玄関口で靴さえ脱がなければ、どうにかして振り切り、走って逃げ出すことができます。

そんなわけで、心からの反省の意を込めて謝罪をした僕ですが、松田さんの夫の怒りは収まりそうにもありません。

青筋を立てた夫にものすごい剣幕で捲し立てられ、今にも殴られんばかりの勢いに、さすがの僕も「マズイな……」と危機感を持ち始めました。

「おまえじゃ話にならん！　親も呼んでこい！」

赤い顔で声を荒げます。

複雑な事情のある謝罪代行では両親の登場によって、場がなんとか丸く収まることがあります。このときも「あ、来たな」と思ったのですが、いくらなんでも即座に両親役のスタッフを用意するのは至難です。

しかし、僕はついていました。

その日の昼、たまたま〝実の〟母親から、「お父さんとデート中。横浜中華街へ美味しい北京ダックを食べに来ちゃった！」というLINEがありました。

中華街と、僕のいた横浜市内のマンションは車で20分ほどしか離れていません。

僕と両親の仲は周りも羨むほど良好で、特に母親は良き相談相手です（マザコンではありません）。

ここはひとつ、実の両親に一肌脱いでもらおう。

すぐに両親に連絡をし、「申し訳ないが謝罪代行に付き合って、一緒に土下座をしてほしい」旨を伝えました。

最初は訝しがっていた両親ですが、可愛い息子が困っているならばと、飛んできてくれました。

ノリの良い母は、依頼主の前で涙をも流す演技力を見せつけてくれたのです（ちなみにこの後も、別件で何度か代行業をお願いしています）。

自分で言っておきながら、松田さんの夫はまさか本当に両親が揃ってやって来るとは思わなかったのでしょう。先ほどの激しい怒りはどこへやら、驚きの表情を浮かべています。

「二度と会わない。引越しもするし、彼女の連絡先も削除する」

両親を前に神妙な顔で誓うことによって、窮地を脱することができました。

当然、両親には感謝しかありませんが、半ば「依頼ではなくて、本当に僕が浮気をしていた」と思っている節があり、少々困ってもいます。

結婚式の出席者代行

フロリダからやって来た妹夫婦…って、そんな設定聞いてないよ！

「明日の結婚式に、身内役として2名の出席をお願いします」

3年前の夏です。式の前日になって電話で依頼してきたのは、34歳の男性。東海地方に住むサラリーマンで、神崎と名乗りました。

事情はこうです。

――妻子がいながら浮気相手とのあいだに子を宿したことが原因で、すったもんだの挙句この春に離婚。浮気相手だったユミさんと再婚し結婚式を挙げることになったが、呆れ果てた自分の親族は、親兄弟を含めた全員から「披露宴に出席しない」と宣言されてしまった。

とはいえ、身内が誰もいないのはみっともない。ユミさんの両親から「せめて妹さんだけでも夫婦で来てもらうことはできないか」と懇願されたものの、実の妹とは絶縁しているに等しい。どんなに頼んでも来てくれるわけはない――。

よって、僕たちに妹夫婦役として式に出席してほしい、という内容でした。

前日という急な依頼でしたが、なんとか妹役を演じられる女性スタッフがつかまり、僕が妹婿役として式に参列する手はずを整えました。

ところが、「助かります！　今すぐ代金を振り込みます」と言った依頼主・神崎さんから、待てど暮らせど振り込み完了の連絡がないのです。

僕たちはトラブル防止のため、完全前払い制を採っています。契約書にもその旨、明記してあります。なお振り込みでも現金手渡しでも構いません。

銀行の振り込み時間は15時まで。遠方在住ですし、手渡しも厳しいだろうと考えていると、電話が鳴りました。

「すみません、バタバタしていて……。僕は行けませんが、使いの者が行きますので、代金を受け取ってください！」

なんと、わざわざ新幹線に乗って、今から東京まで届けに来ると言うのです。

僕らを頼ってくれた依頼主を悪く言いたくはありませんが、この出来事一つとっても彼の計画性のなさが手に取るようにわかります。

待ち合わせた品川駅改札で、「あのう、石井さんですか?」と声をかけてきたのは、歳は20代半ば頃、水色のシャツを着た若い男性でした。

「これ……神崎さんに頼まれまして」

オドオドしながら封筒を差し出します。

正直、かなり忙しい中で駅に呼び出された僕は、不機嫌さを隠せないでいました。

金額に誤りがないか確認するため、封筒からお札を取り出し、彼の目の前で一枚ずつ数えます。直前の依頼による特急料金が加味され、相当の金額ではありました。

「はい、〇万円、確かに受け取りました。領収書等は本人に直接渡しますので、そう伝えてください。ご苦労さまでした」

わかりました、と言うが早いか、そのまま男性は新幹線乗り場へUターン。詳しい事情は知らされていないのでしょう。最後まで、何がなんだかわからない、という顔をしていました。

その後、神崎さんに電話をかけ、私と女性スタッフが演じる妹夫婦の詳しいプロフィールを尋ねたところ、「石井さんが新幹線に乗り込む前には、バレないような設定を考えて送りますから！」と言われたため、改めて連絡を待つことにしました。

翌日。女性スタッフとともに、僕たちは予定通り、新幹線で目的地へと向かいました。

ホテル内の式場で挙式を終えると、親族挨拶が始まります。

新郎側の親族は、僕ら〝妹夫婦〟だけ。新婦であるユミさん側の親族は、両親、新婦の兄弟、親戚など総勢20名。向かい合うと、全員の視線が僕たちに注がれます。

新婦であるユミさんの母親が、僕たち〝妹夫婦〟に近づいてきて、こう言いました。

「今日は、フロリダからわざわざ来てくださってありがとう。先日いただいた出産祝いも嬉しかったわ。職場で見つくろってくださったのかしら。ディズニーのことも色々と伺いたいし、披露宴が始まったら、ゆっくりお話ししましょうね」

フロリダ？　ディズニー？　出産祝い？　どういうことだ？

隣にいる女性スタッフと視線がぶつかります。彼女も同じように、頭の中はハテナマークでいっぱいだったでしょう。

それもそのはず、僕たちの設定は空白のまま。家族との関係性や背景といった大事なことを、何も共有できていません。神崎さんの「バレないような設定を送る」という約束は、当然のように守られることはなかったからです。

神崎さんからは事前に「浮気相手との結婚式」としか聞いていませんでした。

出産祝いということは、すでに赤ちゃんは生まれている……新婦の妹があやしている子がきっとそうでしょう。

しかも、僕たちはフロリダ在住、かつどうやらディズニーリゾートで働いているということになっているらしい。なんてこった。

あとでユミさん側の親族に根ほり葉ほり聞かれることを思い、僕たちは青ざめました。偽物の家族とバレることだけは、絶対に避けなければいけない。作戦を練ることにしました。

そんな僕に、またも試練が降りかかります。

披露宴会場へ一歩足を踏み入れた僕の目に、見覚えのある男性の姿が飛び込んできました。

昨夜、品川駅で会ったばかりですから、間違えるはずはありません。

席次表を見ると、「新郎側の会社の部下」となっています。

なんてこったpart2、です。絶対にバレてはいけない依頼なのに、よりによって出席者を使いに出すとは……。依頼主のあまりの杜撰さに、呆れを通り越して笑ってしまいました。

しかし笑っている場合ではありません。

部下の彼からすれば、突然、なぜか上司に結構な大金を持たされ、新幹線に乗って見知らぬ男に会いに行ったわけです。蓋を開けてみれば、ムスッとした顔でそのお札を数えて受け取った男（僕です）が新婦の妹婿。不自然極まりない状況です。

逆ならわかりますよね。身内からお祝い金を渡すというのなら。

何かおかしい、と感づかれてしまったらおしまいです。

彼の目を誤魔化すべく、慌ててクロークに預けたバッグからノリを取り出すと、やおら垂らしていた髪を上げ、オールバック風に髪型をセットしました。さらに新幹線の車内弁当についていた箸袋から爪楊枝を取り出し、パッチリとした二重に細工をします。

昨夜の僕は、前髪を下ろし、ラフな服装で眼鏡をかけていました。今思うと滑稽ですが、少しでも感じが変わって見え、別人だと思ってくれればいい……今あるもので出来る、精一杯の変装です。

会場内では意識して彼の方を見ないようにし、気づかれないように最大限の努力をする羽目になりました。

それ以上に、ネックは新婦の親。談笑の時間になるや、隣に座るスタッフに目だけで合図し、こちらからお酒を持ってユミさんの母親のもとへと向かいました。

「兄が迷惑をかけてしまって……本当に申し訳ありません！」

腰を90度に曲げ、ユミさんの両親に頭を下げる僕。両親の不在を詫びました。

それを機に、妹役のスタッフが両手で顔を覆って、しゃくりあげるように泣き出します。

「ごめんなさい……順番が違うでしょうって言ったんです、私も……。でも今日の兄の幸せそうな顔を見てたら、胸が、胸がいっぱいになって……」

自分の両親にも見てもらいたかった、と言いながら、ぽろぽろと大粒の涙を流します。迫真の演技でした。それもそのはず、彼女は劇団員ですからね。

新婦であるユミさんの両親は、僕たちにいたく同情してくれたようでした。

「これから、家族として一緒にやっていきましょうね」

慈愛の表情を浮かべた母親が、ハンカチを差し出して妹役スタッフの左手を優しく包み込みます。感極まった、といった風にハンカチで目頭を抑えながら頷くスタッフ。とくに深い話を振られることもなく、僕たちは無事、自分たちの席へと戻ることができました。

「話しかけられたくない事情がある場合は、自分からその相手に話しかけよ」

虎穴に入らずんば虎子を得ず、ではありませんが、これはピンチに面したときのモットーでもあります。

レンタル彼女

末期癌の女性に成り代わるなんて。代行を断った初めての依頼

実は依頼主に会って「代行をやめた」案件が一度だけあります。今回はそのお話をしましょう。

「娘は末期がんに冒されています。思いを寄せるＬＩＮＥ相手の男性、伸介さんとは一度も会ったことがありません。もう歩くこともままならない娘の代わりに、自分が〝娘の愛美だ〟と偽って会ってもらえないでしょうか」

２０１５年のことです。代行を依頼してきたのは、本人ではなく母親でした。

「愛美さんはどう思っているのでしょうか。当人の口から直接、どうしたいかを聞きたいです」

当然、そう返事をしました。本人の代わりに会うのに、意向を無視していいはずがありません。

「体調が良くないから」と、渋る母親に対し、申し訳ないですが、と僕は言いました。

「本人から直接〝依頼する〟との言葉を聞けない限り、受けられません」

頑として譲らない僕に、苛立った母親から写真が送られてきました。

「本当に、こんな状態の娘と会話がしたいんですか？」

写っていたのは、白い腕を点滴につながれて力なくベッドに横たわる、パジャマ姿の若い女性でした。

母親の苦しい気持ちも理解できないわけではありません。けれども本人の意思を確認するまでは、僕としても首を縦に振るわけにはいかないのです。

何度も何度も、電話で話し合いを重ねました。

ついに母親が折れ、愛美さんとの面会が叶ったのは、雪がちらつき始めた12月の半ば頃。

ＬＩＮＥ相手の男性、伸介さんと会うことになっているクリスマス会当日の朝でした。

ＬＩＮＥのスクショで、愛美さんと伸介さんのやり取りの一部は、あらかじめ拝見していました。

二人の出会いのきっかけは、愛美さんの母親が倒れたことです。

自宅へリフォーム業者がやってくる前に、食器棚の中身を整理しようとして脚立から転倒。直後に業者の伸介さんが訪ねてきて、脳しんとうを起こしている母親を発見します。救急車を呼ぶと病院まで付き添い、回復するまでそばにいたそうです。

発見が早く、大事には至らなかったのが不幸中の幸いでした。ただし自ら電話をかけるのは難しく、一人娘の愛美さんに一報を入れてくれるよう、母親は伸介さんに頼みました。

仕事で海外にいたため、すぐには母親のもとへ駆けつけられなかった愛美さん。伸介さんの行動力と優しさに感動を覚え、何度もお礼を言いました。

以降、愛美さんと伸介さんは、電話やＬＩＮＥを通じて連絡を取り合うようになります。

母親の体調が話題の中心でしたが、そのうち他愛ない日常の話もするようになりました。若い二人が恋に落ちるまで、そう時間はかかりません。


最初の頃の会話は、どこにでもいる甘い恋人同士といった雰囲気でした。

ところがまだ二人が顔も合わせないうちに、愛美さんの病気が発覚します。

症状が悪化するにつれ、ときどき愛美さんが吐く「痛いよ、つらいよ」という弱音に「がんばれ。いや愛美はもう十分がんばってるよな……」「何もできない俺が悔しい」と返す伸介さん。やるせない気持ちが、画面越しに痛いほど伝わってきました。

「伸介さんに会いたい」

「俺も会いたい。クリスマス会で会えるかな」

「うん。その日までにきっと、体調良くなってみせる」

元気だった頃の愛美さんがピースサインをしている写真が、会話の後に続きます。

愛美さんは大手航空会社のキャビンアテンダントをしていました。誰もが魅了される、美しい容姿。伸介さんが一目で恋に落ちたのもよくわかりました。

そんな彼女に会うために、僕たちは病院へと向かいます。愛美さんの代行役スタッフは、彼女によく似たスタッフを選びました。


病院の個室で会ったパジャマ姿の愛美さんは、元気だった頃とはまるで別人のようでした。そげた頬の肉。薄い身体。マスク越しにもクマが目立ち、小さな頭には短い髪のカツラが載っていました。

「わざわざ来てくださって……コホコホ、ありがとうございます」

苦しそうに咳き込む愛美さん。肩のブランケットを握りしめ、ベッドから起き上がろうとするのを、慌てて止めました。

「あの、お話ししたとおり、今から愛美の代わりに会ってもらえるんですよね。あまり調子も良くないですし、これ以上は」

「お母さん、石井さんは私のためにわざわざ来てくれています。私に喋らせてください」

僕と愛美さんの間に入る母親を、愛美さんが静かに制します。僕は頭を下げました。

「こんなところまでやって来て、本当に申し訳ないと思っています。僕たちはただ一言、愛美さんの口から直接、代行依頼するという言葉が欲しいんです」

「ですから、愛美の気持ちは……」

「お母さんは黙ってて!!!」

思いがけない強い口調。狭い病室内に緊張が走りました。

母親が驚いた顔で愛美さんを見ます。

「今日この日、彼に会えることだけを、それだけを励みに頑張ってきたんです……」

両手で顔を覆い、肩を震わせながら、声を絞り出す愛美さん。

「辛いよ……ほんとうに辛いよ……。どうして私だけこんな目に遭わなくちゃいけないの？どうして？　どうして!?」

最後はほとんど悲鳴にも似た叫び。

ぎゅっと胸が締め付けられるようでした。全員が彼女にかける言葉を失い、その場を重苦しい沈黙が支配します。

どのくらいの時間、そうしていたでしょうか。陽が長い影を落とし、あたりが暗くなり始めました。

「愛美の気持ちはお分かりいただけましたでしょうか？　そろそろ……」

クリスマス会まで残り1時間。隣で、母親が口火を切ります。

「……石井さん、ごめんなさい」

うなだれた愛美さんの謝罪の言葉を潮に、母親が立ち上がります。僕たちは、半強制的に病室の外へと追いやられました。


辛い現実を目の当りにして、僕は考えました。果たして彼女の本心はどこにあるのだろうかと。

このまま代行の仕事を引き受け、女性スタッフを伸介さんに会いに行かせるのは簡単です。依頼の経緯を考えたら、そうすべきかもしれません。

でも、それで良いのでしょうか。依頼者を、愛美さんを満足させることができるのか。彼女が幸せになるだろうか。悩みに悩んだ末、僕はある事実に気が付きました。

「彼女はお願いしますではなく、ごめんなさいと言った。本心ではきっと、彼に会いたがっている」

だとすれば、やるべきことは一つしかありません。

目を真っ赤にしている代行役の女性スタッフに向かって、言いました。

「僕たちは、依頼主の意思を尊重する。代行で救われる人もいるが、代行することだけが正しいわけじゃない」

そうです。この代行を断るのです。そして、

「彼に本当のことを言って、病院に連れて行こう」

クリスマス会に向かうタクシーのなかで、僕は心を決めました。

僕たちの行動がどう転ぶかはわかりません。場合によっては、依頼者を傷付けてしまう結果になるかもしれません。

しかしそれでも、僕には他の手段が思いつかなかった。依頼者にとって大きなお世話であろうとも、仕事の範疇を逸脱していようとも、やらなければならないという使命感のようなものが渦巻いていました。

白いニットに、グレーのパンツ。サンタ帽を被った伸介さんは、会場設営を手伝っていました。

「愛美…？　体は、体は大丈夫なの？」

代行役のスタッフが彼に向かって手を振るや駆け寄り、息せききって尋ねてきました。

「あの、ごめんなさい。私は愛美さんじゃないんです」

えっ、と息を飲む彼。ひとつ大きく息を吸って、スタッフが続けました。

「彼女は……愛美さんは、まだ入院しています。今日のイベントに来るのを、元気な姿で伸介さんに会えるのを、とてもとても、楽しみにしていました。でも、叶わなかった。彼女には時間がありません。どうか、今すぐ愛美さんのもとに会いに行ってあげてください！」

見る見る、伸介さんの顔色が変わっていくのがわかりました。

「彼女のいる病院はどこです？」

「こちらへ！」会場外に飛び出した彼を、僕が誘います。

車中、真剣な表情で祈るように両手の拳を握り締めていた伸介さん。心から愛美さんを思っている様子が、ありありと伝わってきました。

そんな彼が、思いがけず自分に会いに来たと知ったときの、愛美さんの顔。あんなにも美しい涙を、これまで見たことがありませんでした。

代行を断ったことを、僕は今でも後悔していません。

新郎代行

クリスマスに結婚式を挙げたい。余命6ヶ月の花嫁

まるでドラマか映画のようなタイトルですが、2017年の春、実際にあった依頼です。39歳の女性から「新郎代行」をお願いしたいというメールが届きました。

新郎の代行は過去8回ほど経験しており、それなりに難しい依頼なので、基本的には僕が行うようにしています。

幸い依頼主の希望とも合い、新宿で顔合わせをすることに。そのときに結婚指輪を一緒に選んでほしいと言われ、伊勢丹の近くで待ち合わせをしました。

「依頼しました、麻生です」

マスク姿に大きめの帽子で、ほとんど目しか見えません。小さな顔に、くっきりと浮き出た肩甲骨。細い人だなというのが第一印象でした。

顔色も優れず、疲れが滲んでいるようにも見えました。

「疲れているようなら、今日はやめておきましょうか？」

「いいえ大丈夫です。今日はどうしても指輪を買いたいんです」

強く頭を振る麻生さん。ジュエリーショップへ向かう道すがら、依頼した理由を話してくれました。

「去年、友達の挙げた結婚式場がすごく素敵だったんです。相手はいないけど、こんなところで結婚したいな、とネットを見ていたら、１組だけ無料で挙げられますっていうプレゼント企画を見つけて。応募したら当たっちゃったんです」

せっかくだからウエディングドレスが着られるうちに結婚式を挙げてしまおうと思った、と麻生さんが早口で続けます。

すでに見当をつけてあったのでしょう、ジュエリーショップで指名買いしたのは、小さなダイヤのついたシンプルなプラチナのリング。僕のリングとペアで、お値段は約15万円でした。

「代行だから、形だけ揃えば何でも良いはずなのに、きちんとした指輪を選ぶんだな……」

買い物を済ませた彼女は、満足そうでした。

「式は8月末の予定です。式場との打ち合わせに石井さんの同伴が必要です。何度かご足労いただくことになっちゃうと思うんですけれど……」

「大丈夫ですよ。何度もやっていますし、慣れてますから」

請け負ったは良いのですが、二度目に会ったとき、聞かされた事実に目の前が暗くなりました。

「石井さんに言っておかないといけないですよね。実は私、癌なんです。末期がん。もって半年、と言われています」

また、余命宣告か……。エンディングノートを作った山瀬さんのことが頭に浮かびました。

その日の麻生さんは前回よりさらに顔色が悪く、気づけば何錠もの薬をバッグから取り出して飲んでいました。

「鎮痛剤です。体のあちこちが痛くて痛くて……」

辛そうな彼女を見ていると、もう帰って休みましょうよという声が喉元まで出かかります。衣装合わせに料理の打ち合わせ、模擬挙式まで、毎回きっちりこなそうとするからです。

ウェディングドレスを試着したときは、事情を知らない式場のスタッフに「細いから、何を着てもよくお似合いですね」と褒められ、えへへ、と嬉しそうに笑っていました。

「ゆう君、ほら見て。こっちとそれ、どっちが似合うと思う?」

僕の手を引いて、ラブラブな新婚カップルの真似事をもするのでした。


彼女と三度目に会ったのは7月の初め頃、模擬挙式のときです。

ドレスを着た彼女は、これまで見た中で一番血色がよく、元気そうでした。はしゃいでいるようにも見えました。バージンロードを歩くときは、心から幸せそうな笑顔を見せました。

もうすぐ本番の挙式。披露宴に呼ぶ友人を当社の「代理」でまかないたいという意向は聞いていたものの、ご両親への挨拶はどうするのか、ずっと気になっていたことでした。

「結婚式のこと、まだ言ってないんです。そろそろ言わなきゃとは思ってるんですけど……」

彼女に聞いても、煮え切らない返事。

数日後に「体調を崩したので、式を延期したい」という連絡が入ったときには、「あのとき無理をしたのだろう」と、なぜか僕にも少し自責の念が湧いてきました。

「やっぱり花嫁姿を見せたいので、一度うちの親と顔合わせをしてほしい」

9月に受けた電話が、彼女と話した最後になってしまいました。

「結婚式を挙げたい」という気持ちだけは大きかったけれど、体の調子が追いつかなかったのだと思います。

そのまま連絡を待つこと、1ヶ月。秋も深まった頃、一本のメールを受け取りました。

「麻生さんの友人で、A子と言います。本人が携帯を持てないほど弱ってしまっているので、代理で送ります。彼女は結婚式を挙げたがっています。12／25のクリスマスを予定しているので、彼女のために空けておいてくれませんか」

連絡もできないほど衰弱していて、それでも花嫁になることを夢見て病と闘う彼女の姿を思うと、不憫でなりませんでした。

「病院には来ないでください。苦しむ姿を見てほしくないんです」

彼女の意向を汲み、見舞いには行きませんでした。もしかすると僕が、弱ってしまった彼女を見たくなかっただけかも知れません。

クリスマスまでにはきっと回復する。それだけを信じて待ちました。

しかし余命宣告というのは、ときとして残酷なまでに正確です。

A子さんから訃報が届いたのは、11月の終わり。勤労感謝の日を過ぎてぐっと気温が下がり、色づいた紅葉が散り始めた頃でした。

――あと1ヶ月だったのに。

クリスマス当日の朝。僕は、模擬挙式で誓いのキスをする前にマスクを取った麻生さんの、はにかんだ笑顔を思い出していました。

あとがき

繰り返すようですが、以上の内容はすべて「ファミリーロマンス」が実際に受けた依頼の、ほんの一例です。

書き切れなかった案件、諸事情で書けなかった案件もたくさんあります。

こっそり薬の受け渡しを頼まれて、法に触れるものに違いないと思ったがよく見たらED治療薬だったりだとか、レンタルフレンドとして家に伺ったところ、あるものを見せられて依頼主がヤクザの幹部だということが発覚したりだとか（反社会勢力の依頼はお受けできないためリピート不可なのが申し訳ないですが……）。

レンタル彼氏（彼女）を雇い、元恋人にあえてラブラブなところを見せつけて嫉妬を煽ることで復縁を願う人も、運動したいが一人だと甘えが出て長続きしないという人のために皇居を伴走したことも、レンタル父親として出産の瞬間に立ち会ったこともあります。スタッフが妻としてクライアントとの会食に同席したところ気に入られ、その場で依頼主が大きな契約を結べたこともあります。

爬虫類が大嫌いなのに数十匹の爬虫類がいる部屋で一晩留守番を頼まれたときは、寝てしまったら襲われると思い一睡もできませんでした。

やるせない、辛い状況のなか、藁をもすがる思いで依頼をされた方も、なるほどと膝を打つような賢い利用法を見つける方もいらっしゃいます。本書にあるように僕自身、楽しいことも骨が折れたことも、悲しみで胸が張り裂けそうな思いもたくさん経験しました。

サービスの社会的な意義についても、よく考えます。事実、こうしたレンタル業は廃れた方が世の中にとっては良い、というのが正直な気持ちです。

僕らのような存在を必要としないくらい、不正義や差別のない平等な社会。誰もが孤独を感じることがなく、いたずらに心を傷つけられることのない、温かさと思いやりに満ちた社会。どんなに幸せでしょうね。

もちろん、実際にはあり得ません。

見栄を張り、嫉妬をし、嘘をつくのが人間です。複雑に絡まった問題を一人で解決できるほど、誰もが強いわけでもありません。だからこそ、僕たちのようなお助け屋が必要なのです。

僕の思いとは裏腹に、その必要性は年ごとに高まる一方で、「人間のレンタル」は今や世界的なブームになりつつあります。

「この仕事において、一番大切なことは何ですか」

そう聞かれたら、僕は「人間に興味を持つこと」と答えます。

世の中には色んな考えの人がいます。僕の知らない経験をした人がいて、新しくて面白い情報を持った人がいる。

インターネットで調べれば何でもわかった気になるけれど、やっぱり直に会話をするからこそわかることがたくさんあります。偏見や恐れを取り払い、様々なバックボーンを持つ生身の人間と触れ合うこと。それが人生を深く、豊かにすると思っています。

依頼者の幸せを願い行動することは、彼らの人生の一端に触れることです。予想もしなかった出会いや機会に恵まれ、つねに変化し進化し続ける人生こそ醍醐味。僕はそう思います。

「人間レンタル屋」は、依頼主とともに、これからも進化を続けます。

２０１９年４月、石井裕一

人間レンタル屋

二〇一九年五月一八日　第一刷発行

著者　石井裕一
発行人　稲村　貴
編集人　平林和史
発行所　株式会社 鉄人社
〒一〇二-〇〇七四　東京都千代田区
九段南三-四-五フタバ九段ビル四階
電話 〇三-五二一四-五九七一
ファックス 〇三-五二一四-五九七二
http://tetsujinsya.co.jp/

構成　美華（MIFA）
cover model　石井裕一
cover photo　村上庄吾
デザイン　細工場
印刷・製本　新灯印刷株式会社

ISBN978-4-86537-166-6　C0095